KB260012

**필리핀
완전정복
Q&A
그리고 그에 관한
독설&진실**

필리핀 완전정복

Q&A

그리고 그에 관한

독설&진실

강태호 지음

(주)고려원북스

LIQUO

I ♥ KASAMBAGAN
THE WAIT IS OVER!!!
MOCKINGJAY
THE HUNGER GAMES
SPECIAL INTRO PRICE
P 530
makro
OBACCO

Q&A 그에 관한 독설

필리핀을 처음 접한 때는 2년 전 세부로 워크숍을 갔을 때였습니다. 울타리에 둘러싸인 휴양지로서의 필리핀은 아름답게만 보였습니다. 그런데 1년이 지나 영어 공부를 위해 다시 찾은 필리핀은 전혀 다른 모습이었습니다. 나는 6개월 동안 전 지역을 돌아다니며 그 동안 내가 알고 있던 정보들이 얼마나 잘못되고 미미한 것이었는지 알게 되었습니다.

예를 들어 지프니는 위험한 것이라는 선입견이 있던 탓에 필리핀 친구를 사귀기가 힘들었는데, 사실 지프니는 생각만큼 위험하지 않았습니다. 사실 필리핀의 대표적 통행수단인 지프니를 타지 않고서는 필리핀 사람들과 진실한 관계를 맺을 수 없습니다. 필리핀 사람들이 자랑스러워하는 지프니를 부정하는 사람과 어찌 친구가 될 수 있겠습니까?

6개월간의 어학연수 동안 필리핀 전 지역을 수차례 탐방하면서, 그리고 필리핀 친구들을 사귀면서 나는 우리가 알고 있는 필리핀 정보는 우리나라 사람의 시선으로 바라본 잘못된 정보라는 생각이 들었습니다. 필리핀에 대한 제대로 된 정보 없이는 필리핀을 제대로 즐길 수 없습니다. 단순히 저

렴하게 갈 수 있는 어학연수지 또는 신혼여행지로만 인식될 뿐입니다.

이와 같이 한국 내에서 잘못 알려진 필리핀에 관한 정보를 바로 잡고 싶었습니다. 그래서 한국인의 시선이 아닌 필리핀인의 시선으로 바라본, 필리핀의 살아 있는 정보들을 담고자 노력했습니다. 가령 우리나라에서는 사람을 가리킬 때 검지로 지목하는 경우가 있습니다. 하지만 필리핀인들에게 이런 행위를 하면 자신들을 범죄자로 대한다고 인식합니다. 또한 우리나라 사람들은 눈싸움을 서로 지지 않으려는 기싸움으로 인식하여 눈을 피하면 겁쟁이 또는 패배자로 인식합니다. 하지만 필리핀인들은 눈싸움을 싸움을 하겠다는 의미로 받아들이기 때문에 눈을 피하면 당신과 싸움을 하기 싫다는 의사로 받아들입니다. 이런 문화적인 차이 때문에 필리핀에서 유독 큰 사건들이 끊이지 않고 있습니다.

이뿐만이 아닙니다. 우리나라에서는 목소리 큰 사람이 이긴다고 생각해 필리핀 사람들과 언쟁이라도 붙으면 으레 소리부터 지르지만 필리핀인들은 그런 행동을 대단한 모욕으로 받아들이기 때문에 큰 화를 부르기 쉽습니다. 큰 소리로 윽박지르는 한국인 고용주를 살인해서라도 명예를 되찾겠다는 어느 필리핀인의 이야기를 듣고 왜 유독 한국인들에게 많이 사고가 나는지 알 수 있었습니다.

이렇게 우리나라와 필리핀은 다른 문화를 가지고 있습니다. 우리는 필리핀의 문화를 미개하다며 얕잡아보지만 사실 누구의 문화가 옳고 그른가를 따지는 것은 어리석은 일입니다. 그런 잘못된 인식이 하나하나 행동으로 나타나 필리핀 내 반한 감정이 싹트는 것입니다. 경제적으로는 후진국일지 모르겠지만 그들의 문화까지 후진국으로 여기는 행동은 누가 보더라도 잘못된 행동이니까요.

이 책이 출간되기 전에 나온 『필리핀완전정복 I like korean I hate korean』은 한국인의 그릇된 행동에 대한 고발성 에세이였습니다. 이 책은 필리핀으로 가기 전에 많은 사람들이 궁금해하는 질문을 100가지 뽑아 필리핀 현지인들에게 조언을 빌어 답하는 형식으로 구성하였습니다. 현지인의 시각이 들어 있어 조금 더 필리핀을 쉽게 이해할 수 있을 것입니다. 또한 필리핀 어학연수를 준비하는 사람들이 특히 유념해야 할 '독설'과 필리핀에 관한 불편한 '진실'을 별도로 구성하여 더욱 현실감 있고 충실한 정보를 제공했습니다.

이 책에서 만날 수 있는 '7인의 필리핀 체험담'은 필리핀에 대해 다른 시선을 가지고 있는 글을 모은 것입니다. 마닐라에서의 체험을 적은 이야기도 있고, 필리핀 어학원 담당자 입장에서 적은 이야기도 있어 필리핀에 가기 전에 미리 읽어본다면 많은 도움이 될 것입니다.

나는 필리핀인과 한국인 사이에 놓인 눈에 보이지 않는 장벽이 없어졌으면 하고 바랍니다. 연간 수만 명이 여행 또는 어학연수로 필리핀에 가지만 시간이 갈수록 둘 사이에는 감정의 골이 깊어지고 있습니다.
우리부터 그들의 문화를 이해하기 위해 노력해야 합니다. 우리는 방문자이고 그들은 주인이기 때문입니다. 로마에 가면 로마법을 따르라는 속담이 있듯 우리가 먼저 필리핀인의 문화적 차이를 이해하고 행동해야 합니다.

이 책을 읽은 모든 독자들이 진정한 필리핀을 경험하고 국경을 초월한 진실된 친구를 사귀기를 희망합니다. 필리핀에서 한 사람 한 사람이 민간외교관이라는 생각으로 행동하기를 바라며 인생에서 잊을 수 없는 소중한 추억을 많이 만들었으면 좋겠습니다.

차례

PART 1 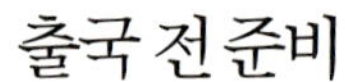

출국 전 준비

 PART 2

필리핀에서의 학업 

PART 3

필리핀에서의 문화 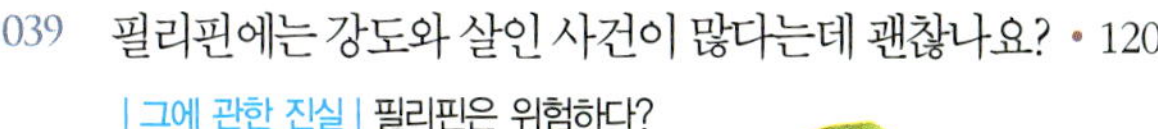

PART 5 　　　　　　　　　　　　　필리핀에서의 교통

내가 경험한 필리핀 어학연수 체험담

Part 1

출국 전 준비

일단, 필리핀에 대해 간단히 말해주세요

ANSWER 필리핀은 적도의 약간 북쪽, 아시아 남동쪽 서태평양에 있는 7107개의 섬으로 이루어진 국가다. 인도네시아에 이어 두 번째로 많은 섬을 가지고 있다. 수도는 마닐라(METRO MANILA)이며 공용어는 따갈로 어와 영어, 화폐는 페소(PECO)를 쓰고 있다.

지역은 크게 루손(LUZON), 비자야(VISAYAS), 민다나오(MINDANAO)로 나뉘며, 이중 루손은 필리핀에서 가장 큰 섬으로 수도 마닐라가 위치해 있다. 비자야는 신혼 여행지로 각광받고 있는 팔라완(PALAWAN)을 비롯하여 세부(CEBU), 보홀 보라카이(BOHOL BORACAY) 등을 포함하는 지역이다.

두 번째로 큰 도시인 민다나오 지역은 필리핀 전체 인구의 6퍼센트를 차지하는 회교도인이 모여 살고 있다. 종교적 분쟁이 많이 일어나는 곳이라 위험한 지역으로 많이 거론된다. 하지만 민다나오는 도시가 워낙 크고 이 도시 안에 있는 다바오(DAVAO) 지역은 비교적 안전한 편이다.

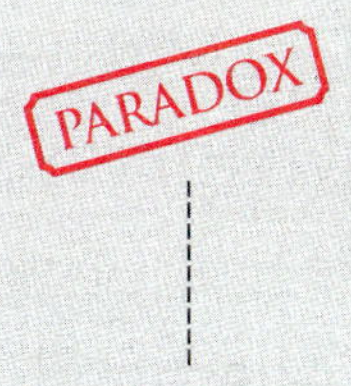

필리핀을 가난한 나라라고만 생각하는 한국 사람들

필리핀에 대한 첫 이미지를 물어보면 대부분은 '우리보다 못 사는 나라, 지저분한 나라' 라고 답을 한다. 그렇다면 외국인들은 필리핀을 어떻게 평가할까?

실제로 그곳에 거주하고 있는 일본인, 중국인, 서양인에게 똑같은 질문을 했다. 그들은 대개 '필리핀은 친절하고 물가가 저렴하다' 라고 답을 했다. 순간 뒤통수를 맞은 느낌이었다. 왜 우리나라 사람은 그들의 경제적인 위치를 먼저 따지고 평가를 한단 말인가?

실제로 필리핀에 가서 우리나라 사람들이 그들을 대하는 모습을 보면 마치 아랫사람을 대하는 듯한 느낌을 받곤 한다. 우리보다 못 산다는 이유로 그들을 업신여기는 것이다. 지금 이 순간부터 필리핀에 대한 첫 이미지를 '가난한 나라, 지저분한 나라' 라고 생각하지 않기를 바란다. 그것은 필리핀에 대해 잘못된 인식을 갖고 출발하는 것과 다름없다.

필리핀 비자를 받아야 되나요?

ANSWER 필리핀 방문을 짧게 계획하고 있다면 따로 비자를 받을 필요는 없다. 항공권으로 입국이 가능하다. 정부간의 협정으로 필리핀 입국 시 임시 비자 21일이 주어지기 때문이다. 하지만 그 이상 머물 경우 이민성(Immigration center)을 통해 체류 기간에 맞게 비자 연장을 해야 된다. 한 번 연장할 때마다 한 달씩 연장되며 경우에 따라서는 2개월 연장이 가능하다. 2개월 과정으로 필리핀을 갈 경우에는 한국에서 비자 연장을 하고 가는 편이 경제적으로 이득이다.

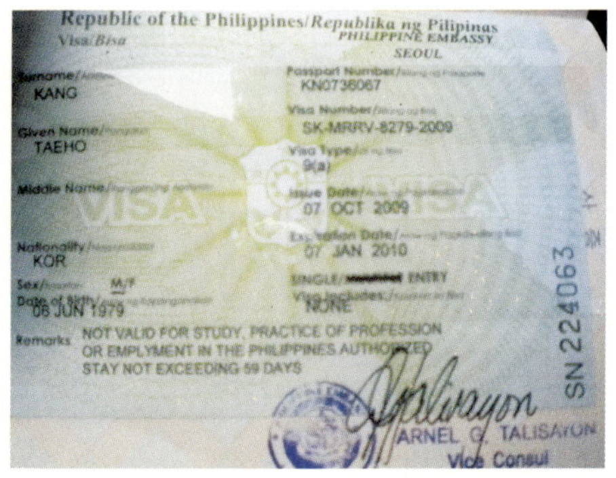

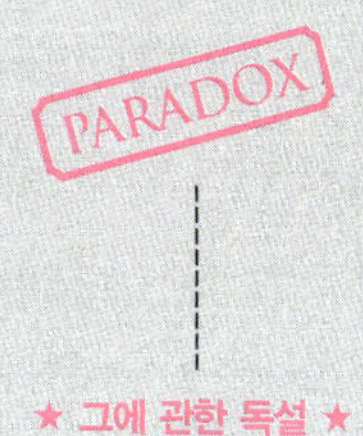

한국에 필리핀 이민성이 있는 것조차 모르는 학생들

영어의 중요성이 높아지고 있다. 이와 함께 필리핀으로 어학연수를 떠나는 학생들도 많아졌다. 필리핀을 21일 이하로 체류할 경우에는 별도의 비자 없이 항공권만으로도 방문이 가능하다. 하지만 2개월 이상 머무는 경우에는 한국에 있는 필리핀 이민성을 방문하여 59비자를 신청하는 것이 좋다. 59비자라는 이름은 '21일 무비자 기간 + 38일의 비자'를 의미하여 생겼다. 따라서 2개월 이내로 필리핀에 체류할 경우 한국에서 미리 비자 연장을 하는 것이 경제적이다. 필리핀 현지에서도 비자 연장을 할 수 있지만, 한국에서 비자를 발급받아 갈 경우 2~3만 원을 절약할 수 있기 때문이다.

필리핀 영어연수를 고려할 때 모든 것을 유학원에 의존하다 보면 한국에서 비자를 연장할 수 있다는 생각을 못하게 된다. 따라서 유학원을 이용하더라도 필요한 정보는 스스로 찾아보는 지혜가 필요하다. 필리핀 이민성은 서울 지하철 6호선 녹사평역 근처에 위치한다.

주소 : 5-1 Itaewon-dong, Yongsan-gu, Seoul, Korea(서울 용산구 이태원동 5-1번지)
Tel : 02)796-7387~9 Fax : 02)796-0827

필리핀 비자 연장에 필요한 서류는 다음과 같다.

❶ 신청서와 보증서(이민성에 구비되어 있음)　　❷ 본인 도장
❸ 보증인 도장(미혼의 경우 부모님 중 한 분, 기혼인 경우 배우자)　　❹ 여권 사진 1장
❺ 여권(유효기간 6개월 이상)　　❻ 필리핀 왕복항공권
❼ 33,550원(이민성 직접 제출 시 비용)

서류를 제출한 후에는 여권을 받으러 다시 한 번 방문해야 한다. 단 간혹 재방문 일정이 일주일 후에 잡히는 경우도 있으니 미리 준비하도록 한다.

필리핀 어학연수는 SSP가 필수라는데
그게 뭔가요?

ANSWER SSP(Special Study Permit)는 쉽게 말해 관광비자로 입국하여 공부를 할 수 있는 연수허가증이다. 이민국에서 신청하면 관광비자 상태에서 합법적으로 연수를 할 수 있다. SSP는 '필리핀 이민국에서 인정하는 교육기관'에 다닐 경우에만 발급된다. 따라서 합법적으로 인증된 어학원에 다니는 경우라면 학생이 직접 신경 쓸 일은 없다.

SSP 발급에 필요한 준비물은 여권, 여권 사진 2장, 신청비 15만 원이다(학교에 따라 US 120~150달러를 받는 경우도 있다). 이를 준비하여 어학원에 제출하면 SSP를 발급해준다.

REPUBLIC OF THE PHILIPPINES
DEPARTMENT OF JUSTICE

BUREAU OF IMMIGRATION

MAGALLANES DRIVE, INTRAMUROS
1002 MANILA

In re: ASIA PACIFIC INTERNATIONAL
(API) ENGLISH AS A SECOND
LANGUAGE CENTER, INC.
2/F Northgate Bldg.
Gov. Cuenco Ave.
Kasambagan, Cebu City

AAFS NO. MCL-2008-224
Approval to Accept
Foreign Students

-Petitioner

x ——————————————— x

ORDER

Petitioner, through counsel/authorized representative, in its letter duly received by the Student Desk, requested for inclusion in the BI List of Schools authorized to accept foreign students pursuant to Memorandum Order No. RBR 00-57 in relation to Section 3 of Philippine Immigration Act of 1940, as amended and Section 36, Chapter 6, Book IV of Executive Order No. 292 (series of 1997).

Having complied with all the requirements needed, we hereby GRANT AUTHORITY to the petitioner to accept foreign students subject to the compliance to all existing rules and regulations imposed or which hereafter may be imposed by the Technical Education and Skills Development Authority (TESDA) unless sooner revoked for cause.

The school is further required to submit with the Bureau an enrollment report on foreign students 45 days after commencement of classes indicating the name, nationality, visa status and valid stay.

SO ORDERED.

JAN 0 9 2009

ENRIQUE B. GALANG, JR.
Deputy Commissioner

★ 그에 관한 진실 ★

SSP 발급비용이 없다는 것은 불법학교라는 증거

필리핀 어학연수를 하는 사람들이 치안 문제 다음으로 걱정하는 것 중 하나가 '필리핀 학교들의 파산' 문제다. 실제로 필리핀에서는 1년에 2~3개의 학교가 문을 닫을 정도로 이 문제는 심각하다.

다른 나라와 달리 필리핀은 국가에서 학교운영을 보장하는 시스템이 아니기 때문에 학교가 문을 닫으면 사실 학생들은 속수무책으로 당할 수밖에 없다. 그렇다면 필리핀 학교들이 문을 닫는 이유는 왜일까?

재정적인 이유도 있겠지만 가장 큰 이유는 SSP다. 간혹 학교에서 SSP 발급비용을 받지 않는 경우가 있는데, SSP는 필리핀 어학연수를 하는 데 있어 선택이 아니라 필수 사항이기 때문에 그것을 발급받지 않고 어학연수를 한다는 것은 불법행위이나 다름없다. 실제로 2009년 한 어학원에서 SSP를 발급받지 않아 전교생이 필리핀 경찰서에 끌려간 적이 있다. 따라서 필리핀에서 어학연수를 할 때 SSP 발급비용 없이 오로지 수업비만 낸다면 그 학교는 문제가 있는 학교다. SSP를 발급하는 학교인지 먼저 알아보고 학교를 선택하자.

필리핀에 가기 전에 꼭 페소로 환전해야 되나요?

ANSWER 일반적으로 필리핀 사람들은 달러를 좋아하며 달러일 경우 환율을 우대해주고 있다. 따라서 원화에서 페소로 바꾸는 것이 더 낫다고 생각할지 모르겠지만 실제로 그렇게 환전을 하면 손해다. 미국 달러로 환전을 한 뒤 필리핀 환전소에 가서 페소로 환전하는 것이 가장 이득이다. 환전할 때 주의할 점은 공항이나 카지노 근처에 있는 환전소는 이용하지 말라는 것이다. 환율이 좋지 않아 손해를 크게 볼 수 있다.

요즘에는 시티은행 카드를 이용하는 것도 좋은 방법이다. 시티은행에 가서 계좌를 개설한 후 시티은행에서 환전을 하면 1달러에 수수료만 내고 돈을 환전할 수 있다. 단점은 시티은행 ATM기가 몇 군데 없다는 것이다.

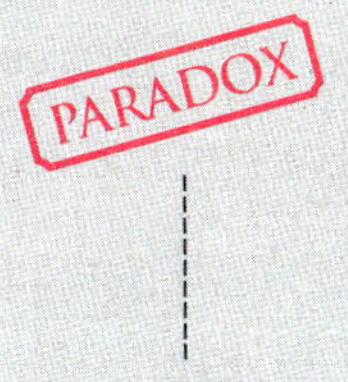

일반화된 정보를 모두 옳다고 생각하는 사람들

어학연수를 계획 중이라면 자신이 가고자 하는 나라의 특성을 생각해야 한다. 그러나 그렇지 않은 경우가 많이 있다. 예를 들어 필리핀 같은 경우는 한화에서 페소로 환전하는 경우 손해를 본다. 하지만 두 번 환전을 하면 손해일 것이라는 생각에 몇몇 학생들은 한화에서 페소로 바로 환전을 한다. 그러나 결론적으로 말하면 한국에서는 한화에서 달러로, 필리핀에서는 달러에서 페소로 환전하는 게 가장 좋다. 또한 시티은행 카드로 환전하는 게 가장 싸다고 생각해 시티카드를 개설해가는 사람들이 많은데, 필리핀 전 지역을 돌아다닌 결과 세부와 마닐라 같은 지역이 아니고서는 시티은행 ATM기를 찾아보기가 힘들다.

그러므로 자신이 가는 지역에 맞추어 준비를 해야 한다. 많은 학생들이 어학연수에 필요한 정보는 모든 나라에 보편적으로 적용된다고 생각하여 준비를 하는데, 자신이 가는 지역의 정보를 알아보는 노력을 해야지 일반화된 정보를 자신이 가고자 하는 나라에 무리하게 적용하려 해서는 안 될 것이다.

필리핀 어학연수 시 영어 교재는
어느 정도 준비해야 될까요?

ANSWER 　다른 나라와는 다르게 필리핀 학교는 자체적으로 교재를 만들어 학생들에게 판매를 하고 있다. 각 레벨마다 교재가 정해져 있어 다른 나라에서처럼 필수적으로 쓰이는 영어 교재는 없다고 봐도 무방하다. 하지만 영어 문법의 바이블이라고 일컬어지는 《GRAMMAR IN USE》 같은 책은 초급과 중급을 준비해 가라고 추천하고 싶다. 나머지는 자신의 필요에 따라 준비하기 바란다.

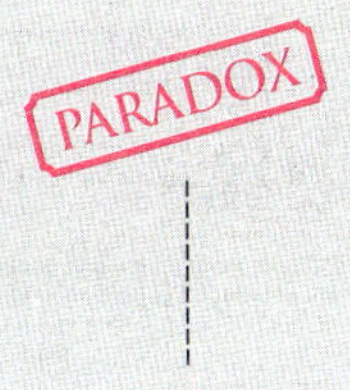

책만 잔뜩 들고 가는 학생들

필리핀 어학연수를 준비하는 학생들을 보면 이 책 저 책 바리바리 싸들고 가는 학생들 꼭 있다. 하지만 십중팔구 그 책들은 그다지 쓸모가 없을 것이다. 왜냐하면 필리핀은 레벨별로 교재가 다르고 영어를 모국어로 하는 나라의 학교들하고는 다르게 빡빡한 일정으로 수업이 짜여져 있어 이를 따라가기에도 버겁다. 그러다 보니 필리핀 어학연수를 하는 학생들 대부분이 집에 돌아갈 때는 책을 버리고 가는 경우가 대부분이다. 의욕만 앞세운 결과이다. 지금 현재 영어를 정복하겠다는 마음만 먹고 책만 사들이고 있지는 않은가? 한 권이라도 마스터할 생각으로 가라. 의욕이 앞서면 포기도 빠르다.

필리핀에서 휴대폰은 필요할까요?
필요하다면 얼마인가요?

ANSWER 　필리핀으로 어학연수를 가는 사람의 대부분은 기숙사가 있는 학교를 다닌다. 그러다 보니 실제로 휴대폰이 필요한지 의문을 품는 경우가 상당히 많다. 그러나 휴대폰은 100퍼센트 필요하다. 그 이유는 문자를 통해서도 영어 실력이 향상될 수 있기 때문이다. 필리핀은 통화요금은 비싸지만 문자요금은 1페소 정도로 저렴하다. 또한 필리핀 선생님들은 대부분 20대 초반에서 30대 정도라서 친구로 지내게 되는데, 상황이 이러하다 보니 일상생활에서도 충분히 문자를 통해 서로에게 안부를 물으면서 영어문장을 만드는 연습을 할 수 있다.

휴대폰의 가격은 기본적인 기능을 가지고 있는 것이 1300페소에서 1600페소 정도다. 우리나라 돈으로 3만 원 정도에 살 수 있다. 통신사는 GLOBE와 SMART가 대표적이다. 기타 브랜드로는 무료통화 기능이 많은 SUN과 TALK'N TEXT가 있다.

하지만 내 경험에 의하면 후발주자인 SUN과 TALK'N TEXT 휴대폰은 통화가 되지 않는 지역이 많아서 웬만하면 GLOBE와 SMART를 사용하는 것이 현명하다고 보여진다.

충전 금액은 100페소에서 300페소, 500페소 등이 있으며, 금액에 따라 추가 혜택을 주기 때문에 오랜 기간 필리핀에 있을 예정이라면 한 번에 많은 금액을 충전하는 것이 좋다. 단 호주나 유럽으로 연계연수를 가는 학생들은 휴대폰 구입 시 듀얼밴드의 기종으로 구입하도록 하며, 호주와 캐나다, 유럽에 갈 경우는 트라이밴드 기종으로 구입하도록 한다.

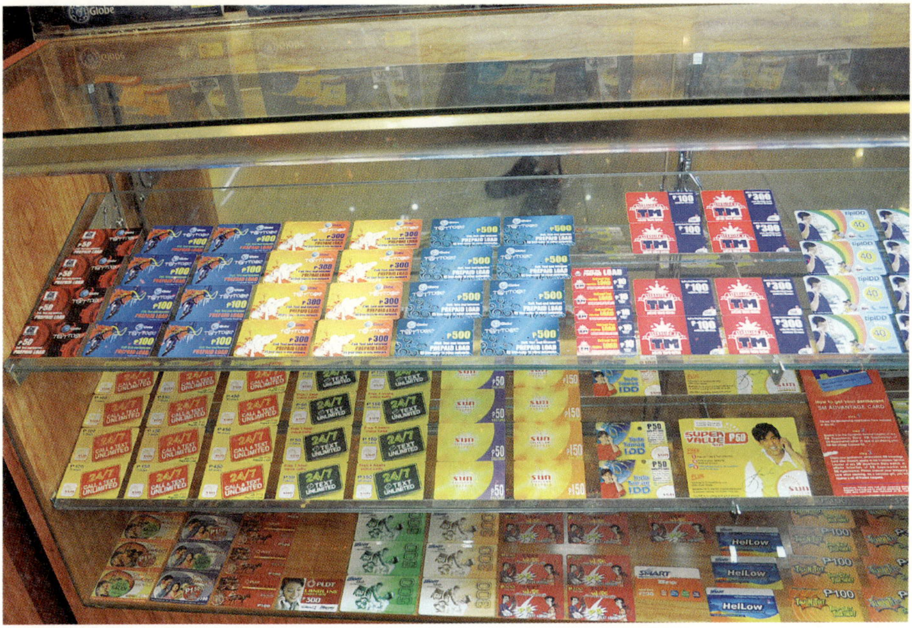

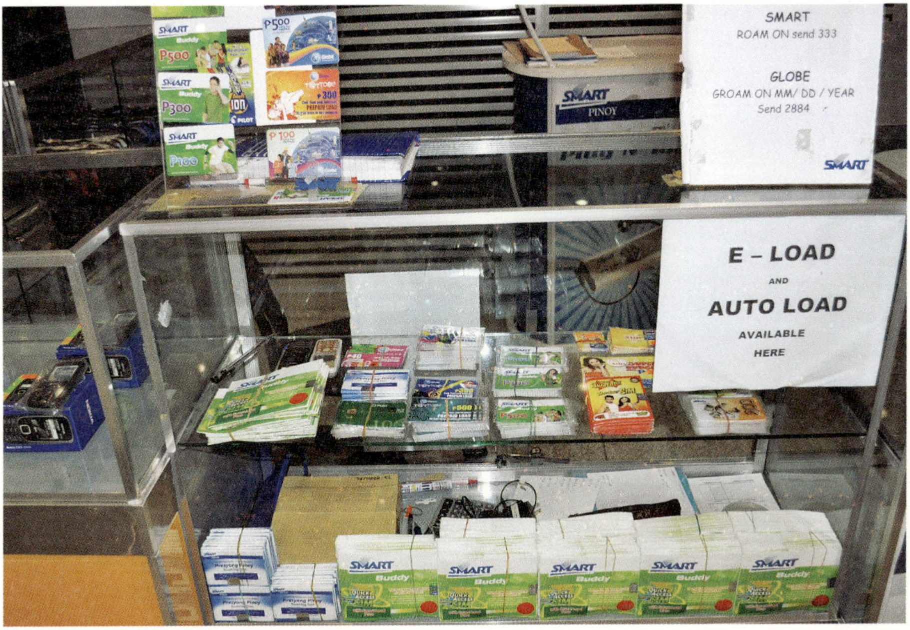

SMART
ROAM ON send 333
GLOBE
GROAM ON MM/ DD / YEAR
Send 2884
SMART
E – LOAD
AND
AUTO LOAD
AVAILABLE
HERE

통신비 아끼겠다며 휴대폰 안 사는 학생

필리핀 거리를 지나가다 보면 우리나라처럼 통화를 하면서 지나가는 사람들을 거의 볼 수가 없다. 그 이유는 통화요금이 워낙 비싸기 때문이다. 그 대신 우리나라 중고등학생들처럼 문자를 사용하는 경우는 많이 볼 수 있다. 그 정도로 필리핀 사람들은 문자를 통해서 자신의 의사를 전달하는 경우가 많다. 간혹 2~3개월 정도만 필리핀에 머무는 것이라 생각하여 휴대폰을 사지 않는 학생들이 많은데 이는 현명한 생각이 아니다.

필리핀에서도 휴대폰은 생활 필수품처럼 사용하고 있기 때문에 친구를 만나거나 연락할 때 휴대폰이 없으면 무척 불편하며, 영작을 해서 상대방에게 문자를 보내는 것이기 때문에 실제로 필리핀 친구와 문자 통화를 하다 보면 급격히 영작 능력이 향상된다. 생각을 전달하려면 아무래도 신경을 써가며 영작을 해야 하기 때문이다.

그러기에 필리핀에서의 휴대폰 구입은 선택사항이 아니라 필수사항이다. 영어학습의 연장이라 생각하고 휴대폰 구입하도록 하자. 어학연수까지 간 마당에 통신비 아끼자고 휴대폰을 구입하지 않는 것은 어리석은 행동이다.

단기 어학연수에도
여행자 보험이 필요한가요?

ANSWER　　말 그대로 보험은 최악의 상황을 맞이했을 때 필요한 것이므로, 여행자 보험은 무조건 가입하는 것이 좋다. 필리핀에서 생활하다 보면 한두 번쯤 크고 작은 사고들을 겪게 되는데, 그런 상황이 벌어졌을 때 보험에 들지 않았다면 큰 문제가 발생할 소지가 있다.

보험은 가입하기 전에 이곳저곳 많이 알아보는 것이 좋지만, 대부분의 유학원들은 보험사와 연계되어 있으므로 유학원을 통해 가입하는 것이 좋다. 오히려 시중보다 저렴하게 가입할 수 있고 상품도 괜찮은 경우가 많다. 아무래도 유학원에서 가입하는 보험은 단체 보험이니 개인이 가입하는 보험보다는 저렴할 수밖에 없다.

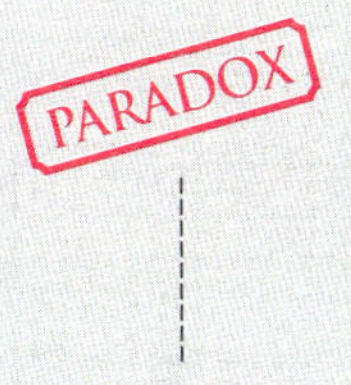

아낄 것과 안 아낄 것을 구별하라

여행을 떠나기 전 여행자 보험을 드는 것은 필수다. 말 그대로 사고는 우연하게 생기는 것이지 예측 가능한 것이 아니기 때문이다. 예측 불가능할 뿐만 아니라 황당한 사건도 자주 일어난다. 섬 근처에서 스노쿨링을 하던 유학생 중 한 명이 떨어지는 코코넛 열매에 머리를 맞아 뇌출혈로 쓰러진 것이 대표적인 예다. 다행히 생명에 지장은 없었지만 만약에 보험을 들지 않았다면 의료비 부담까지 엎친 데 덮친 격이었을 것이다. 스노쿨링을 하다가 코코넛 열매에 맞아 사고를 당할 줄 누가 알았겠는가? 이런 말도 안 되는 일들이 일어나는 것이 우리의 일상사다. 그러니 절대 아까워하지 말고 예산의 한 부분을 차지한다고 생각하고 여행자 보험은 꼭 들어라.

필리핀 어학연수 기간은 어느 정도가 적당할까요?

ANSWER 필리핀 어학연수 기간을 얼마나 해야 할지 많은 학생들이 갈등하고 있다. 필자가 판단하기에 필리핀에서의 어학연수 기간은 3개월에서 4개월 정도가 적당하다. 그리고 나머지 어학연수는 호주, 캐나다 같은 영어권의 나라를 추천하고 싶다. 그 이유는 필리핀 어학연수의 가장 큰 장점은 1:1 수업을 통해서 영어에 대한 자신감을 향상시킬 수 있다는 것이다. 그런데 그 자신감이 시간이 지나게 되면 자만심으로 빠지는 경우가 많다.

필리핀이 아닌 곳(호주, 캐나다)의 수업은 그룹수업이다. 그룹수업에서 필리핀 학교에서 습득한 자신감을 발휘하라. 그 안에서 아직도 영어 실력이 많이 부족하다는 것을 깨닫게 될 것이다. '영어! 이 정도면 되었어!' 라는 자신감은 '나는 영어 너무 못해' 라는 자신감 부족보다 더 좋지 않다.

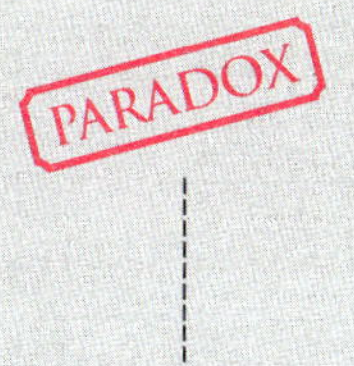

★ 그에 관한 독설 ★

필리핀 어학원에서 최고 레벨은 영어 정복 레벨이 아니다

필리핀에 있다 보면 영어를 잘한다는 착각에 빠져 있는 학생들을 보게 된다. 그런 학생들은 자신보다 못한 학생들을 무시하는 듯한 행동을 보이기도 한다. 하지만 그런 행동을 보는 나의 느낌은 '그 학생이 더 이상 영어 능력을 향상시키기 힘들겠구나' 하는 것이다. 본인 스스로 필리핀 어학원에서 최고 레벨을 받았다고는 하지만 필리핀이 아닌 다른 나라를 다녀본 나의 입장에서는 한참 부족해 보이기 때문이다.

언어라는 것은 본인 스스로 만족을 하면 절대로 안 된다. 나 역시 호주워킹 1년을 갔다 온 뒤 주변인에게 한국어가 조금 서툴다는 이야기를 들었다. 그런 만큼 언어라는 것은 만족하면 안 된다. 더군다나 영어는 모국어가 아니다. 물론 자신감은 중요하지만 그런 자신감은 영어 정복의 가장 큰 적이다.

필리핀에서 긴 옷은 필요 없나요?

ANSWER 필리핀은 1년 내내 수영이 가능한 아열대 기후이며 연평균 기온이 25도다. 11월부터 4월까지는 건기, 5월부터 10월은 우기로 나뉜다. 필리핀에 관한 이러한 기본적인 정보로 인해 많은 학생들이 필리핀은 사시사철 여름이라고 생각하는 경우가 많다. 하지만 바기오 같은 경우는 딸기가 재배될 정도로 날씨가 쌀쌀하며 새벽에는 서리가 낄 정도로 춥다. 따라서 바기오를 가는 학생들은 여름옷을 챙길 것이 아니라 초겨울까지 입을 수 있는 옷들을 챙겨야 된다. 자신이 가는 지역의 날씨를 꼭 알아보고 짐을 챙기도록 하자.

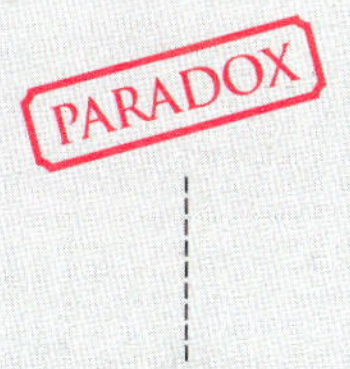

바기오 가면서 여름옷만 챙기는 학생들

자신이 가는 지역에 대한 정보 없이 필리핀에 오는 학생들이 많다. 필리핀은 단순히 더운 지역이라고만 생각하는 것이다. 특히 바기오는 스파르타식 학원이 유명한 지역이라는 생각만 가지고 있을 뿐 대낮에도 긴 팔을 입어야 할 정도로 쌀쌀한 날씨라는 것을 아는 사람이 드물다.

혹시 바기오를 가면서 여름옷만 잔뜩 챙기고 있지는 않은가? 필리핀은 지역마다 특색이 다르다. 본인이 가고자 하는 지역적 정보를 꼭 습득하고 가야 할 것이다.

학교 등록은 꼭 유학원에서 해야 하나요?

ANSWER 많은 학생들이 착각하는 부분 중 하나가 유학원보다 필리핀 어학원과 직접 거래하는 것이 싸다고 생각하는 것이다. 하지만 이는 상당히 잘못된 정보다. 유학원은 말 그대로 학교 정보를 학생들에게 알려주고 그 소개에 대한 커미션을 받는 곳이다. 즉 학생이 어학원하고 직접 거래를 하면 유학원이 있을 이유가 없게 된다. 이 때문에 유학원이 아닌 어학원과 직접 등록을 할 경우 오히려 더 비쌀 수 있다. 어학원의 입장에서는 학생 개개인을 상대하는 것보다는 유학원을 통해 학생을 모집하면 더 안정적인 학생 모집이 가능하다는 장점이 있다.

또 하나, 현지에 가서 직접 어학원에 등록하면 더 저렴할 것이라는 생각을 하지만 기숙사에 들어가려면 이게 만만치 않다. 기숙사 자리는 최소 한 달에서 두 달 전에 마감된다. 따라서 사후관리를 확실하게 해주는 검증된 유학원을 선택하는 것이 여러모로 편리하다.

한순간에 망할 수 있는 필리핀 어학원

2009년, 한국의 어느 유학원도 예상치 못한 필리핀의 모 어학원이 망한 적이 있다. 한국의 유학원들이 발벗고 나서서 그곳의 학생들을 다른 어학원에 입학시키지 않았다면 큰 문제가 될 뻔했다. 이 사건을 통해서 우리가 알아야 될 것은 전통 있고 관록 있는 어학원이 아닌 이상, 필리핀 내 많은 어학원들의 재정이 그리 좋지 못하다는 사실이다. 특히 시류를 타고 시작한 어학원들은 재정적인 안정도가 그리 좋지 않다.

이것이 바로 학생 자신이 스스로 선택한 어학원에 대해 알아야 되는 이유다. 필리핀 어학원은 재정이 어렵게 되면 유학원의 힘을 빌리게 되어 있다. 그러다 보니 내실을 갖추기보다는 커미션을 많이 주는 방식으로 운영하는 경우가 많다. 그러다 재정을 견디지 못하면 소리 소문 없이 문을 닫는 것이다. 이 경우 일부 유학원에서는 학생들에게 아무런 보상을 해주지 않는다. 따라서 필리핀 어학연수를 결심했다면 유학원 선정을 잘 해야 한다. 또한 유학원의 말에만 의존하지 말고 스스로 필리핀 현지의 정보를 수집하는 노력도 해야 할 것이다.

필리핀에 가장 싸게 갈 수 있는 방법은 무엇인가요?

ANSWER 저가 항공사가 인기를 끌고 있다. 그중에서 필리핀을 가려는 사람에게는 세부퍼시픽이 최고로 저렴하다. 왕복항공권이 세금을 포함해 12만 원 정도면 충분하다. 하지만 세부퍼시픽의 저가 프로모션은 나오자마자 매진되므로 타이밍을 잘 맞춰야 한다. 즉 어학연수를 가기 전에 미리 날짜를 정하고 그 기간에 맞춰서 프로모션 항공권을 구입해야 한다.

참고로 알아야 될 사항은 세부퍼시픽은 저가 항공사인 만큼 기내 안에서 물과 식사를 사 먹어야 되며 수화물도 15킬로그램 이상은 따로 요금을 지불해야 한다는 사실이다.

어학연수 급하게 정하고 항공료 비싸다 불평하는 학생들

필리핀 어학연수를 결정한 후 준비를 할 때 가장 까다로운 것 중 하나가 항공 스케줄이다. 필리핀 기숙사는 토요일이나 일요일에 들어오는 것을 원칙으로 한다. 대부분의 어학원들이 주5일 수업을 하기 때문이다. 기숙사로 운영이 되기 때문에 그렇게 할 수밖에 없다.

따라서 어학연수를 급하게 결정하는 경우 시간이 촉박하면 저렴한 항공권을 구할 수 없게 된다. 단기간 필리핀 어학연수를 가는 것이라고 너무 쉽게 생각하지 말기를 바란다. 한국이 아닌 해외로 나가는 것이다. 미리 준비하지 않으면 무엇이든 좋은 결과를 얻을 수 없다. 저가 항공권도 미리 항공 스케줄을 확인하고 발품을 팔지 않으면 얻을 수 없다.

필리핀 어학연수에 적당한 시기가 따로 있나요?

ANSWER　필리핀 어학연수에 적당한 시기가 따로 있는 것은 아니지만, 대개 연말은 잘 가지 않는다. 연말은 아무리 면학 분위기가 잘 되어 있는 학교라도 공부에 집중을 할 수 없을 만큼 들떠 있기 때문이다. 어학원을 담당하는 어느 관계자의 말을 빌리자면 필리핀의 노래방 기기를 다 부숴버리고 싶을 정도로 시끄러운 시기라고 한다. 필리핀 사람들은 우리나라 사람만큼이나 노래 부르는 것을 좋아한다. 크리스마스 시즌이나 연말 시즌이 되면 새벽 3시가 넘도록 고성방가하는 모습을 어렵지 않게 볼 수 있다. 시내와 가까이 붙어 있는 어학원일수록 그 시기가 되면 잠 못 이루는 날이 계속된다. 그러니 이런 시기는 되도록 피해가는 것이 상책이라 할 수 있겠다.

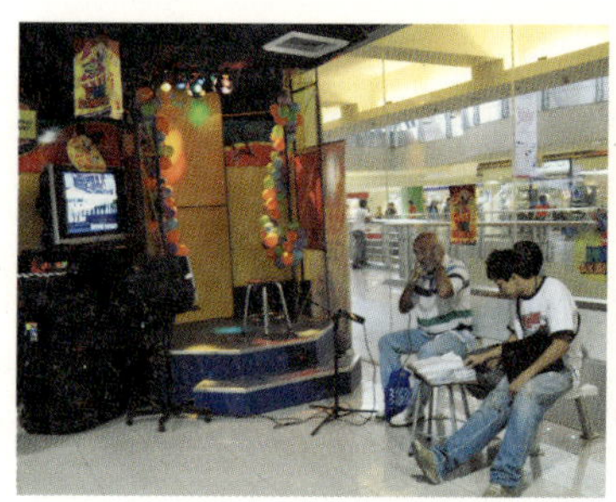

리조트형 어학원의 장단점

필리핀 어학원 중에는 리조트형 어학원이란 것이 있다. 말 그대로 리조트처럼 꾸며진 어학원이거나 리조트 안에 지어진 어학원이다. 이런 어학원은 해수욕과 스노클링 시설이 기본으로 갖추어져 있다. 필리핀에서 즐길 수 있는 모든 것들이 구비되어 있으니 어디 멀리 놀러갈 생각 말고 공부에만 집중하라는 취지이다.

하지만 그런 취지에도 불구하고 문제는 있다. 리조트를 어학원 단독으로 사용하는 것이 아니어서 리조트를 방문하는 필리핀 사람들의 소음을 차단하기 힘들다. 물론 평일에는 밤 12시 안에 그 소음들이 멎지만 휴가 시즌 또는 크리스마스 시즌 같은 경우 낮과 밤이 존재하지 않는다. 그 소음에 익숙해져야만 수면을 취할 수 있을 정도다. 장점이 있다면 단점도 있기 마련이다.

필리핀 인터넷 속도는 빠른가요?

ANSWER   필리핀 인터넷 속도는 우리나라 모뎀 수준이다. 하나의 공유기로 기숙사 전 층을 연결하는 경우가 많으며 가끔 비가 많이 오면 인터넷 자체가 끊긴다. 주식처럼 인터넷으로 급박하게 무언가를 지속적으로 해야 하는 사람이라면 필리핀에서는 포기하는 것이 상책이다. 가끔 초고속 인터넷 서비스를 신청하는 어학원들이 있지만 필리핀인들이 종종 케이블 선을 끊어놓기 때문에 실질적으로 인터넷을 못 쓰는 경우가 허다하다. 인터넷 서핑을 즐기는 사람에게 필리핀은 지옥 같은 곳이다.

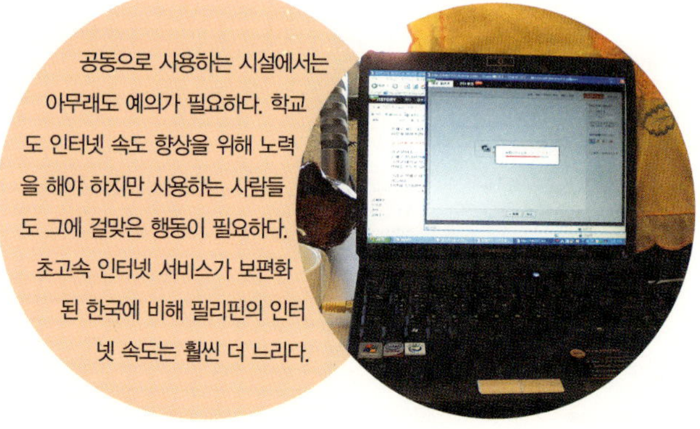

공동으로 사용하는 시설에서는 아무래도 예의가 필요하다. 학교도 인터넷 속도 향상을 위해 노력을 해야 하지만 사용하는 사람들도 그에 걸맞은 행동이 필요하다. 초고속 인터넷 서비스가 보편화된 한국에 비해 필리핀의 인터넷 속도는 훨씬 더 느리다.

필리핀 어학원 내의 인터넷이 느린 이유

필리핀 어학원에 대한 가장 큰 불평은 인터넷 속도에 대한 것이다. 하지만 사실 인터넷 속도는 인터넷 서핑을 하는 데 있어서는 그리 느린 편이 아니다. 문제는 쓰는 사람들의 자세인 것 같다. 어학원 내의 인터넷 망은 기본적으로 공유기를 이용해 연결되어 있다. 그러다 보니 누군가 한 사람이 회선을 점유하고 대용량 파일을 다운받게 되면 모든 회선이 느려지며 끊김 현상이 발생한다.

공동으로 사용하는 시설에서는 아무래도 예의가 필요하다. 학교도 인터넷 속도 향상을 위해 노력을 해야 하지만 사용하는 사람들도 그에 걸맞은 행동이 필요하다.

필리핀에서도 노트북이 필요할까요?

ANSWER　대부분의 어학원에 자체적으로 PC실이 있어 굳이 노트북이 필요할까 싶지만, 필리핀에서 노트북은 필수라 할 수 있다. 노트북을 안 가지고 온 학생들도 나중에는 한국에 있는 지인들에게 연락하여 보내달라 할 정도로 활용도가 크다. 물론 노트북을 통해서 인터넷을 수월하게 접속할 수 있는 환경은 아니다.

하지만 노트북의 용도는 동영상 강의를 듣는 것만으로도 충분할 정도다. 자율학습 시간이 많은 필리핀이기에 더욱 필요하다. 지친 자율학습 시간에 동영상 강의나 미드를 시청하는 것만으로도 효율적인 영어 공부가 된다. 영어 공부를 지속하는 매우 효율적인 공부 방법이기도 하다.

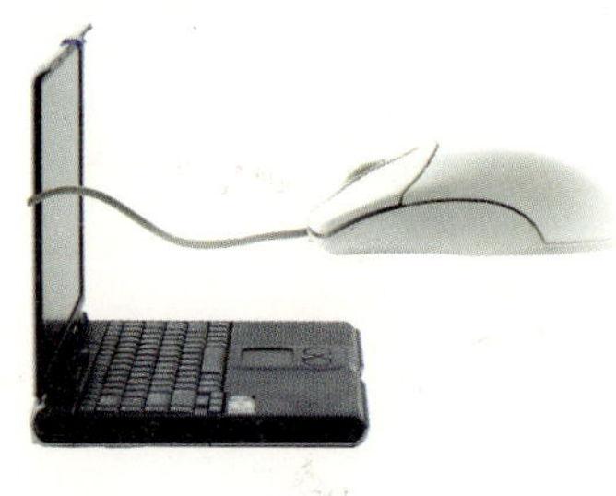

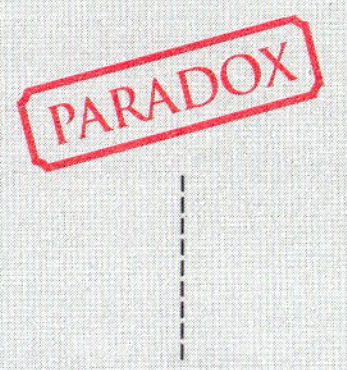

★ 그에 관한 독설 ★

인터넷 시간을 따로 주는 필리핀 어학원들

필리핀에서 불편한 것 중 하나는 인터넷 접속이 원활하지 않다는 점이다. 나 또한 필리핀 어학원을 9군데나 가봤지만 대부분의 학교가 메신저하는 것도 버거울 만큼 속도가 느렸다. 공유기로 연결해 사용하는 시스템이다 보니 여러 사람들이 동시접속을 하거나 대용량 파일을 다운로드 받으면 속도가 느려질 수밖에 없다. 불만이 많아지자 필리핀 어학원에서는 자체적으로 인터넷을 제약하는 제도를 만들어 시행하고 있다. 이는 학생들이 여가 시간 대부분을 인터넷 서핑으로 보내는 부작용도 막아주는 역할을 한다.

한국에서 필리핀으로 어떻게 전화하나요?

ANSWER 한국에서 필리핀으로 전화하는 방법은 국제전화 거는 방법과 동일하다. 국제전화 서비스 번호를 먼저 누른 후 국가 번호와 지역 번호를 포함한 전화번호를 누르면 된다.

가령 필리핀에서 사용하는 휴대폰 번호가 090 1234 5678이라고 하면, 먼저 002나 00700 같은 국제전화 서비스 번호를 누른 다음 필리핀 국가 번호 63을 누른다. 그런 다음 0을 제외한 전화번호 90 1234 5678을 누르면 된다.

정리하면 002 63 90 1234 5678을 차례대로 누르면 되는 것이다.

'필리핀은 위험하다' 는 인식이 많은 만큼 필리핀에서 사용할 휴대폰 전화번호가 정해지면 가장 먼저 가족들에게 알려주기 바란다.

GEMCRAFT
PAWNSHOP
Adrian's
CELLULAR CLINIC
PHOTOCOPY
PRINTING
SCANNING
ID LAMINATION
ATODA
335
335
John Excel

ACR-I CARD가 뭔가요?

ANSWER 　작년 연말 ACR-I CARD가 새로 생겨 유학생들 사이에 한바탕 소란이 일어났다. 그 이유는 가뜩이나 SSP와 비자 연장을 할 때마다 적지 않은 비용을 지불했는데 또 다시 돈을 지불해야 되기 때문이다.

그런데 ACR-I CARD는 새로 생겨난 제도일까? 아니다. 흔히 아이카드(Alien Certificate Of Registration Identity Card)로 불리는 이 카드는 외국인의 신원등록을 증명하는 카드로, 2009년 12월까지는 학생비자 또는 워킹비자 소지자들에게만 해당되었지만 그 이후에는 59일 이상 체류하는 여행객도 장기 체류 외국인으로 규정하여 확대시킨 것이다.

아이카드는 각 지역 이민성에서 신청을 받고 있으며, 신청 후 48시간 이내에 발급된다. 카드의 유효기간은 발급일로부터 1년이다. 발급비용은 US 50달러+500페소로 신청 당일 이민성의 환율에 의해 책정된다.

필리핀 정보는 왜 모두 다른가?

필리핀에 있으면서 가장 화가 났던 것 중 하나는 필리핀 정부가 관광객에게 요구하는 비용이었다. 비자 연장비만 해도 엄청난데 ACR-I CARD 같은 경우 말이 장기 체류하는 외국인을 위해 확대 실시된 것이지 열악한 필리핀 재정을 메꾸기 위한 정책으로 여기는 것이 대부분이다.

게다가 상황에 따라 말을 바꾼다. 처음에는 아이카드의 유효기간은 1년이고 귀국할 때 반납하고 재입국 시 다시 재발급을 받아야 한다고 했다가 외국인들이 강하게 불평을 하자 어느 한 편에서는 아이카드를 발급받은 사람들은 재입국 시 다시 사용할 수 있다고 이야기한다. 나 역시 이민성 직원에게 직접 물어보고 조사해보았지만 어떤 것이 진실한 정보인지 모르겠다. 어떤 이는 재발급을 받았고 어떤 이는 재발급 없이 기존 아이카드를 사용하는 사람들도 있기 때문이다.

그 정도로 필리핀의 행정시스템은 답답한 점이 한두 가지가 아니다. 그러나 어쩌겠는가. 필리핀에 가기로 한 이상 그 사람들의 행정시스템에 대해 왈가왈부할 수는 없는 노릇. 군대에서 흔히 하던 말로 조언을 대신한다. '피할 수 없으면 즐겨라.'

요즘 인터넷 전화기 많이 가져가는데 유용한가요?

ANSWER 요즘 필리핀 어학연수를 가는 학생들이라면 인터넷 전화기는 필수라고 할 만큼 꼭 챙겨야 되는 물품 중 하나다. 무선 인터넷이 되는 지역이라면 어디에서든 전화를 걸 수 있기 때문이다. 대형 쇼핑몰 중의 하나인 SM몰 같은 경우는 보안코드 없이 무선 인터넷을 사용할 수 있어서 일부러 SM몰을 찾아가 인터넷 전화를 사용하기도 한다.

통신 품질이 많이 떨어지는 것은 사실이지만 가족들과 안부를 주고받기에는 불편함이 없다. 게다가 같은 통신사의 인터넷 전화끼리는 무료로 전화통화를 할 수 있어서 경제적으로도 절약된다.

누구나 외국에 나갈 수 있는 요즘, 인터넷 전화기는 해외여행에서 꼭 챙겨야 되는 필수품이라 할 수 있겠다.

EMPERADOR
LIGHT
EMPERADOR
LIGHT
Libertad

필리핀의 전압은 어떻게 되나요?

ANSWER 필리핀 내 전압은 우리나라와 같은 220볼트이지만 플러그는 110볼트용을 사용하기 때문에 착각을 하기 쉽다. 연계연수를 가는 학생이라면 미리 한국에서 범용적으로 사용할 수 있는 어댑터를 구입해가는 것이 바람직하다. 하지만 미리 구입을 하지 못했더라도 공항에서 사지는 말자. 필리핀 현지에서도 공항에서 사는 금액의 반도 안 되는 금액에 어댑터를 살 수 있다. 대부분의 전기제품들도 필리핀에서 저렴하게 구입이 가능하니 이민 가방 꾸리듯 온갖 물품을 싸는 일은 없어야 되겠다.

필리핀이 아무리
후진국이라 해도 웬만한
물품은 현지에서 구입이 가능하다.
구입하지 못했다고 공항에서 사지 말자.
공항에서 사는 물품은 현지 금액보다
몇 배나 비싸다는 것을
인지하자.

스마트폰도 필리핀에서 사용이 가능한가요?

ANSWER 물론 사용 가능하다. 요즘 나오는 휴대폰이나 스마트폰은 유심카드를 꼽고 사용하는 형태다. 따라서 휴대폰이나 스마트폰을 그대로 가져가 필리핀 이동통신사에서 유심카드만 구입해 갈아 끼우면 그대로 사용할 수 있다. 단 해외 유심카드를 사용할 수 있는지는 제조사에 문의하거나 인터넷에서 검색해 알아봐야 한다.

그러나 대부분의 스마트폰은 해외에서도 그대로 쓸 수 있다. 간혹 스마트폰을 로밍해가는 경우가 있는데 그런 경우 일주일이 채 되지 않아 요금폭탄을 맞게 된다. 결론은 스마트폰이라면 한국에서 쓰던 그대로 가져가면 되며, 휴대폰이라면 현지 통신회사에 가입해 유심카드만 교체해 쓰면 된다는 말이다.

★ 그에 관한 독설 ★

유행만 따라하지 말고 그 디테일을 보라

최근 스마트폰이 유행하자 많은 사람들이 너도나도 스마트폰을 사용하고 있다. 하지만 시대에 뒤떨어지지 않기 위해 구입한다는 느낌이 들 뿐 제대로 스마트폰을 이용하지 못하는 경우도 허다하다.

예를 들어 자신이 쓰고 있는 스마트폰이 유심카드만 교체하면 필리핀에서도 사용 가능한 모델임에도, 현지에서 통화와 문자 등 기본 기능만 되는 휴대폰을 또 구입하는 것이다. 유행만 쫓았을 뿐 그 안에 있는 디테일을 챙기지 탓이다.

필리핀 어학연수를 혹시 유행처럼 여기고 가는 것이라면 시간 낭비일 수 있다. 자신이 지금 모습이 유행만 쫓는 수동적인 사람인지, 아니면 그 안에 담겨 있는 디테일을 알고 있는 사람인지 판단하라. 그것이 먼저 필리핀 어학연수를 대하는 바른 자세다.

필리핀 화폐는 어떻게 되나요?

ANSWER　필리핀 화폐 단위는 페소(PESO)이며 1페소는 100센티모다. 센티모는 우리나라 10원짜리 동전처럼 잘 사용되지 않는다. 동전은 10센티모, 25센티모, 1페소, 5페소, 10페소가 있다. 지폐는 20페소, 50페소, 100페소, 500페소, 1000페소가 있는데, 500페소와 1000페소 지폐는 흔하지 않다. 대형 쇼핑몰에서도 500페소나 1000페소를 제시할 경우 위조 여부를 확인할 정도다.

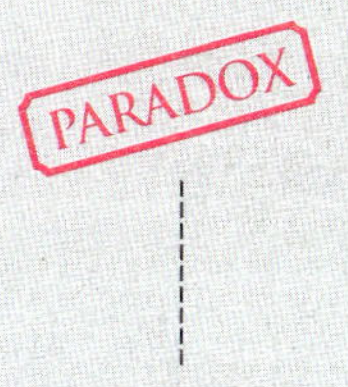

한국인이 많이 모이는 곳은 물가가 비싸다

티끌 모아 태산이라는 말. 필리핀에서는 뼈저리게 느끼게 된다. 필리핀의 물가는 우리나라에 비해 수입품을 제외한다면 약 3분 2 정도 저렴하다. 그러나 시간이 지날수록 그 격차가 줄어들고 있다. 환율이 올라서일까? 환율이 오른 것도 적지 않은 이유이지만 가장 큰 이유는 우리나라 사람들이 올려 놓은 것이나 진배없다.

현지 사정을 잘 모르고 마음이 급하다 보니 발품을 팔기보다는 웃돈을 주더라도 빨리 해결하려던 것들이 부메랑이 되어 돌아온 것이다. 예를 들어 어떤 집을 거래할 때 웃돈을 주고 계약했다면, 그 필리핀인은 다음부터는 절대로 가격을 낮춰서 거래하지 않는다. 거래가 되지 않으면 가격을 내려서라도 거래를 하는 것이 상식이지만, 필리핀인들에게는 그런 모습을 찾아보기 힘들다. 1년 내내 빈방으로 놔둘지언정 가격을 내리지는 않는다.

현지의 정서와 우리식의 거래 방법이 만들어낸 현상이 한국인에게 적용되는 지금의 물가를 만든 셈이다.

필리핀도 편도로 갈 수 있나요?

ANSWER 편도 항공권으로는 필리핀에 들어갈 수 없다. 필리핀은 21일 무비자로 입국이 가능하다. 하지만 항공권은 귀국항공권 혹은 제3국 출국 항공권을 소지해야 입국 시에 문제가 없다. 불법 체류의 소지가 있기 때문이다. 비자 없이 갈 수 있는 대부분의 나라가 이런 정책을 쓴다. 요즘은 필리핀에서 공부를 한 후 다른 나라로 연계연수를 가는 사람들이 많아져서 제3국 출국항공권을 끊는 경우가 많아졌다. 하지만 필리핀만을 다녀오는 경우라면 반드시 왕복항공권을 끊어야 한다. 왕복항공권을 구매할 경우에는 신중해야 한다. 최저가 비용을 뽑다 보면 아무래도 세부퍼시픽을 이용하게 되는데, 이 경우 귀국 날짜를 변경하거나 환불이 불가능하다. 그래서 어학연수를 연장한다든가 하는 등의 사유로 귀국일을 변경하려면 귀국 티켓을 새로 구매해야 한다. 반면 대한항공이나 아시아나 같은 항공사의 경우 가격은 상대적으로 비싸지만 오픈티켓으로 구매할 수 있어 귀국일 변경이 가능하다. 귀국 일정과 비용 등을 모두 고려해 항공권을 구입하도록 하자.

CIFIC AIR.COM
RP-C3245

필리핀에서 호주워킹 비자 신청이 가능한가요?

ANSWER   필리핀에서 호주워킹 비자를 신청하는 것은 가능하다. 다만 호주워킹 비자를 신청하려면 헬스폼을 다운받고 호주 이민성에서 지정해 준 필리핀 병원에서 신체검사를 받아야 하는데 필리핀 병원을 찾아가는 것도 힘들고 그 결과가 처리되는 것을 확인하는 것도 쉽지 않다. 한국에서도 몸에 문제가 있으면 재검과 함께 소요기간이 한 달 이상 걸리는 경우가 많은데 그 모든 과정을 필리핀에서 한다는 것은 여간 만만치 않은 일이다.

필리핀 어학연수를 1년 이상 할 것이 아니라면 한국을 떠나기 전에 미리 호주워킹 비자를 승인받고 가는 것이 현명하다. 비자 승인 후 1년 안에만 호주에 입국하면 되기 때문에 굳이 힘들게 필리핀에서 호주워킹 비자를 받을 이유가 없다.

조기유학 가는 15세 미만의 학생은
다른 준비를 해야 되나요?

ANSWER   어린이의 비자 연장 비용은 어른과 동일하다. 다만 필리핀 이민법 상 15세 미만 어린 아이는 부모와 동반하지 않으면 입국이 어렵다. 만약 부모가 함께 입국하지 않는 경우 부모가 공증한 승인서와 함께 입국금지 면제 신청금(약 3630페소)을 공항에 납부해야 된다.

조기유학은 학비가 성인보다 약 2배 가까이 비싸다. 아무래도 어린 아이들이다 보니 관리가 많이 필요한 탓이다. 평일은 외출이 불가능하며 식단까지 철저히 짜는 등 맞춤형 관리를 하고 있다.

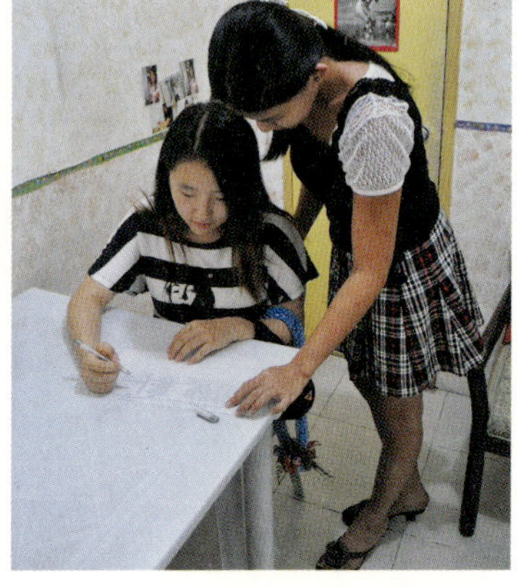

학비가 저렴한 어학원, 믿을 만한가요?

"왜 그렇게 비싸요. 내가 아는 곳은 그 가격의 3분의 2도 안 된다고 들었는데." 많은 사람들이 혼동하는 부분이 필리핀 학교의 적정한 가격이다. 필리핀 학교를 알아보다 보면 이런저런 소문을 접할 수 있다. 그중 민감한 부분이 학비인데, 3인실 3개월 기준으로 330만 원을 선회하는 학교가 있는가 하면 동일 조건으로 250만 원이 채 되지 않는 곳도 있다. 그렇다고 두 학교의 수준이나 시설이 크게 차이가 나는가 하면 그렇지도 않다. 왜 이런 가격 차이가 날까? 요즘 크게 도마 위에 오른 것은 유학원들의 커미션이다. 현지에 어학원들이 많이 생기면서 경쟁이 심해지자 커미션이 오르면서 학비가 비싸졌다는 것이다. 이런 커미션은 장점과 단점을 동시에 가지고 있다. 단점이라면 학비를 올린다는 것이고, 장점이라면 안정된 어학원을 소개한다는 점이다. 대부분의 유학원들이 현지의 어학원들을 돌아보고 여러 조건을 고려해 그 중 베스트라고 할 수 있는 곳을 학생들에게 소개한다. 이 때문에 유학원에서 소개한 어학원들이라면 공부 이외의 것을 크게 신경 쓰지 않아도 된다. 이런 점들이 학비에 포함된다 할 수 있다. 반면 현지에서 자체적으로 운영되는 곳을 소문으로 물어 찾아가는 경우 학비가 저렴할 수는 있으나 문제가 많다. 우선 어학원의 재정에 가장 중요한 몫은 학생의 충원인데 충원을 제대로 못하는 어학원이라면 결국 문을 닫게 되고 그럴 경우 어디에도 갈 데 없는 상황이 될 수 있다. 물론 운영만 잘 된다면 좀 더 저렴하게 다녀올 수는 있을 것이다.

결국 어떤 쪽을 선택할 것인지는 각자의 몫인 것 같다.

I'm
First Baby
by HAPPY BABY

필리핀에서의 학업

기숙사에 살지 않고 따로 나가서 살아도 되나요?

ANSWER   대부분의 필리핀 어학원은 기숙사 일체형이며, 2인 1실 또는 3인 1실 공동으로 사용한다. 이 경우 한국에서 자기 방을 가지고 생활했던 사람이라면 약간의 불편함을 느낄 수 있다. 하지만 기숙사 생활이 불편하다고 혼자 독립해서 생활하지는 않았으면 좋겠다. 경제적으로 이득이 될 수는 있겠으나 영어 공부에는 도움이 되지 않는다. 별도의 가정교사를 두는 경우에도 마찬가지다. 또한 필리핀이 생각보다 위험한 곳은 아닐지라도 호주나 캐나다에 비해 위험의 소지가 많은 것은 사실이다.

기숙사에서는 빨래, 식사 등을 해주기 때문에 오히려 공부에 집중할 수 있는 환경적 요건이 조성되어 있다. 또한 필리핀이 아무리 영어를 쓰는 나라라고는 하지만 길거리에서까지 영어를 유창하게 쓰는 사람은 그리 많지 않으므로 영어 공부를 위해 모인 사람들과 함께 지내는 편이 유리할 수 있다. 필리핀에서 3개월에서 4개월 정도 지내보고 현지 사정을 잘 알게 되었다면 모를까 처음부터 독립해서 가정교사를 두고 생활하는 것은 그다지 바람직하지 않다.

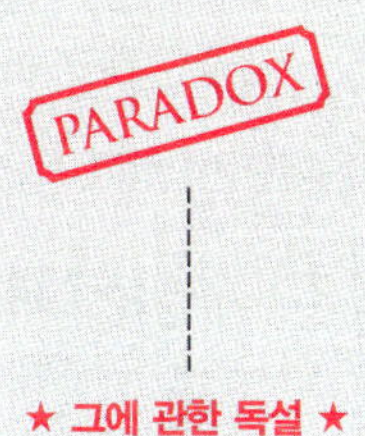

★ 그에 관한 독설 ★

왜 필리핀에 간 것인가?

필리핀을 다녀온 사람들이 공통적으로 느끼는 것이 있다. 필리핀은 저렴하게 모든 것을 누릴 수 있는 곳이라는 것이다. 어학연수 또한 저렴한 금액으로 해결할 수 있다. 그러다 보니 학생들이 돈을 함부로 쓰게 되고 필리핀 사람을 깔보는 경향이 생긴다. 어느 정도 시간이 흐르고 필리핀 생활에 익숙하게 되면 기숙사 규칙을 지키는 게 불편해져 따로 방을 구하고 개인교사를 두는 학생들이 많다. 기숙사비의 3분의 2 정도로 가능하여 경제적으로도 이득이고 마음도 편하다. 하지만 그러려면 왜 필리핀에 왔는가. 필리핀이 영어를 사용하는 나라라고는 하지만 제1언어는 따갈로어다. 필리핀 어학원 선생님들은 대학을 나오고 영어를 써왔기 때문에 영어를 쓰는 것이지 실제 필리핀 거리를 다니다 보면 영어를 사용하는 사람들이 거의 없다. 그러므로 개인교사를 두고 필리핀에서 영어 공부를 할 바에는 차라리 한국에서 영어학원을 다니는 것이 더 나을 수 있다. 혹시 필리핀에서 가정교사를 고용하고 가정부를 부리면서 영어 공부를 했다는 이야기에 귀 기울이고 있는가? 황제처럼 살기 위해 가는 것이 아니다. 한국에서 하지 못한 영어 정복을 위해 간다는 사실을 명심하자.

필리핀 어학원 선생님의 연령대는 어떻게 되나요?

ANSWER 필리핀 어학원 선생님의 연령대는 대개 30대 미만이다. 그러다 보니 선생과 학생들의 관계가 사제기간이라기보다는 친구와 가깝다. 학생과 선생님으로 지내다가 연인이 되는 경우도 허다하다. 문제는 그것이 진실한 만남이라기보다는 영어 회화 파트너쯤으로 여기거나 즐기기 위한 차원으로 만나는 경우가 많다는 것이다. 또 선생님의 연령대가 낮다 보니 무시하는 듯한 행동을 하는 경우가 있다. 그래서 몇몇 학교는 선생님의 권위를 세워주기 위해 교칙에 선생님에게 함부로 하는 학생들은 제제를 한다는 내용이 들어 있기도 하다.

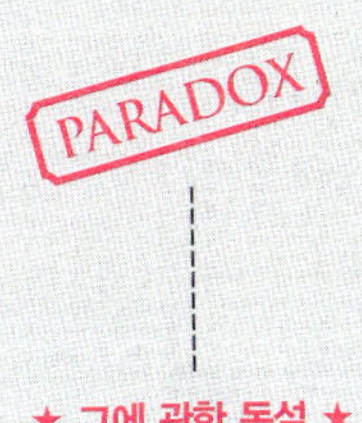

선생님과의 외부 만남을 통제하는 이유는?

외출과 외박을 허락 받으라고 하는 학교에 화가 날 수도 있다. 하지만 그것은 화낼 일도 아니다. 선생님과 외부에서 만나는 것도 통제하는 학교가 있다. 그 이유가 무엇이라 생각하는가? 모든 교칙은 학생들의 잘못된 행동으로 인해 생긴다. 이런 교칙이 생겨난 이유 또한 남자 학생이 여자 선생님을 임신시키고 한국으로 도망갔기 때문에 생긴 것이다.

자유복을 입었던 필리핀 선생님들이 어느 날부터 정복을 입는 이유 또한 학생들이 필리핀 선생님들을 무시하기 때문이다. 지금도 학교 교칙은 계속해서 만들어지고 있다. 어떤 학교에서는 학교 교칙만 A4지 10장 가깝게 나올 정도라고 하니 필리핀 내 한국 학생들의 문제가 얼마나 심각한지 짐작할 수 있을 것이다.

필리핀 기숙사에서 나오는 음식은 어떤가요?

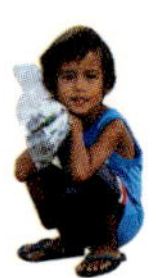

ANSWER　　필리핀 어학연수를 가는 대부분의 사람들은 기숙사 생활을 한다. 그러므로 어학원을 선택할 때는 음식이 어떻게 나오는지도 중요하게 체크해야 할 것이다. 대부분의 어학원은 기본적으로 김치와 여러 가지 한식을 제공하고 하루에 한 번 정도는 과일이 나온다.

맛은 각 어학원마다 다르지만 대체로 군대밥보다는 맛있다. 딱 하나 걸리는 점은 김치와 깍두기가 많이 짜다는 것인데, 필리핀 음식이 대체로 짜거나 달기 때문에 그런 것 같다. 기숙사 음식이 질리거나 입맛이 없을 때는 학교 내 매점이나 한국 슈퍼마켓에 가서 반찬거리를 구입해 같이 먹는 것도 좋겠다.

유학원에서 상담할 때 밥맛을 꼭 체크하라

한국의 유학원 컨설턴트 중에서 필리핀 어학원을 제대로 아는 사람이 과연 몇 명이나 될까? 필자 역시 여행을 겸해 필리핀을 한 번 다녀온 후 바로 필리핀 어학원에서 상담 일을 했다. 그것이 가능한 이유는 다른 나라와는 다르게 필리핀 어학원은 한국인이 운영을 하고 학생의 90퍼센트 이상이 한국인이기 때문이다. 즉 한국인을 상대로 모든 것이 이루어지기 때문에 다른 나라와는 달리 현지 사정에 어두워도 유학원 운영이 가능하다.

지금 혹시 유학원에 상담을 받으러 간다면 가고자 하는 어학원의 밥맛에 대해서 그리고 기타 궁금한 사항을 물어봐라. 대답을 못한다면 그 유학원은 믿지 마라. 학생들의 특성에 맞게 상담을 하는 것이 아니라 커미션에 따른 소개 정도의 알선 업체에 불과하기 때문이다.

필리핀에서 아르바이트를 할 수 있나요?

ANSWER 다른 나라에서 어학연수를 하는 것보다 저렴하긴 해도 돈을 아끼고 싶은 마음은 마찬가지일 것이다. 그렇지만 필리핀에서 아르바이트를 한다는 것은 그 자체로도 어려울뿐더러 일을 하더라도 공부에 집중을 하는 것이 더 나을 정도로 임금 수준이 형편없다. 필리핀에서의 공부 기간은 말 그대로 영어 공부를 위해 집중해야 되는 기간이다. 그 기간에 돈을 벌 생각을 하기보다는 영어 실력을 최대한 높이는 것이 오히려 현명하다. 비용을 아끼고자 한다면 차라리 장학금 제도에 관심을 두는 편이 나을 것이다. 필리핀의 대부분 어학원들은 면학 분위기를 조성하고 대외 이미지를 높이기 위해 장학금 제도를 시행하고 있다.

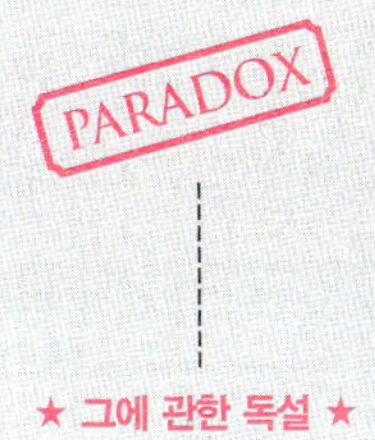

★ 그에 관한 독설 ★

장학금 명단과 경고판 명단으로 갈리는 학생들

필리핀 어학원을 다니다 보면 모든 학생들이 다 보는 게시판에 그 달의 우수학생 혹은 경고를 받은 학생들의 명단이 붙은 것을 볼 수 있다. 바기오에 있는 학교 같은 경우 한 달의 두 세 명 정도가 퇴학 조치를 받는다. 학생 입장에서는 억울할 수도 있을 것이나 제3자의 입장에서 볼 때는 참으로 한심하기 짝이 없는 학생들이다.

퇴학 조치를 받는 학생들은 학교 규정을 어겼기 때문이다. 어학연수를 목적으로 간 사람들이 몰래 규정을 어기면서 철없는 중·고등학생 마냥 구는 모습은 참으로 한심할 뿐이다.

당신은 장학금 명단에 이름을 올릴 것인가? 아니면 경고판 명단에 올릴 것인가? 그 차이는 자신과의 싸움에서 이기는 사람과 이기지 못하는 사람의 차이일 것이다.

필리핀 기숙사에서 청소와 빨래는 어떻게 하나요?

ANSWER 필리핀에 어학연수를 가는 사람들이 가장 궁금한 것 중 하나가 기숙사에서의 빨래와 청소다. 대부분의 기숙사에서는 주2~3회 정도 청소를 신청할 수 있으므로 자신의 공강 시간에 맞춰 신청을 하면 담당 청소부가 와서 깔끔히 청소해준다. 빨래도 주기표와 함께 비닐봉투에 넣어 제출하면 2일 후나 3일 후에 찾아갈 수 있다.

세탁물 처리는 생각보다 깔끔하다. 세탁한 뒤 다리미로 다려 잘 개어놓는다. 다만 단체로 세탁을 하기 때문에 세제를 많이 넣는 경향이 있어 피부가 민감하다면 트러블이 있을 수 있다. 이 경우 기숙사와 협의하거나 따로 빨래를 하는 것이 바람직하다. 또 드라이크리닝이 필요하다거나 손세탁을 해야 하는 등 특별히 관리해야 하는 세탁물은 따로 관리하는 편이 좋다. 단체로 빨래하기 때문에 하나하나 관리되어 나오지 못한다. 손상된 옷은 어느 정도 변상 처리를 해주지만 만족할 만큼의 보상은 아니다.

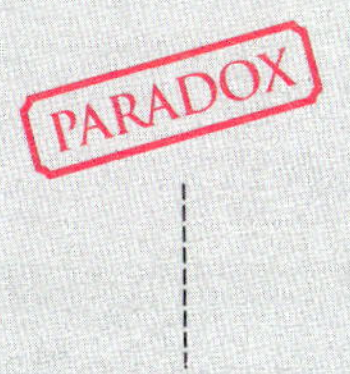

★ 그에 관한 독설 ★

속옷과 명품 옷 맡기고 불평하는 학생들

호텔의 룸서비스도 아니고 단체 생활을 하는 기숙사에서 옷을 별도로 관리하기를 요구하는 행위는 그 자체가 상식 이하다. 하지만 무슨 이야기를 듣고 필리핀에 왔는지는 모르지만 명품 옷이나 속옷을 맡기고 나서 그 제품이 손상되었다며 항의를 하는 학생들의 모습을 종종 볼 수 있다.

서비스를 이용할 때도 상식적으로 생각하자. 속옷 같은 경우는 본인이 직접 세탁해서 입는 것이 바람직하다. 강력한 세제를 많이 쓰는 단체 세탁에 그것들을 내놓는 것 자체가 바람직한 일이 아니다. 또 특별한 관리를 해야 하는 고급 옷은 본인이 직접 관리해야 한다. 상식적인 수준에서 서비스를 이용하면 큰 문제가 되지 않는데 그렇지 않아 얼굴을 붉히는 일이 없어야 하겠다.

기숙사에 통금시간이 있다는데
시간은 어떻게 되나요?

ANSWER   성인이 되어서 누군가의 통제를 받아야 한다는 것은 그리 기분 좋은 일이 아니다. 하지만 필리핀 내 기숙사에는 통금시간이라는 것이 존재하며, 대부분의 통금시간은 자정 11시부터 새벽 2시 사이이다.

그래서 몇몇 학생들은 통금시간을 어겨야 할 경우 아예 그 다음날 아침 일찍 들어가 경고를 받지 않는 방법을 선택하고 있다. 아무래도 경고를 받게 되면 주말 외출이나 외박에 제약이 가해지기 때문이다.

다들 알다시피 우리나라 사람들의 음주문화는 1차에서 절대 끝나지 않는다. 밤을 지새워 술을 마시는 경우가 허다하다. 그러다 보니 학생들이 밖에 나갔다 하면 사고가 일어난다. 그래서 요즘 들어서는 평일에도 외출을 금지하는 학교들이 늘어나고 있다. 학교 교칙은 학생들의 잘못된 행동 탓에 생긴다는 것을 명심하자.

필리핀 통금시간이 11시에서 2시인 이유

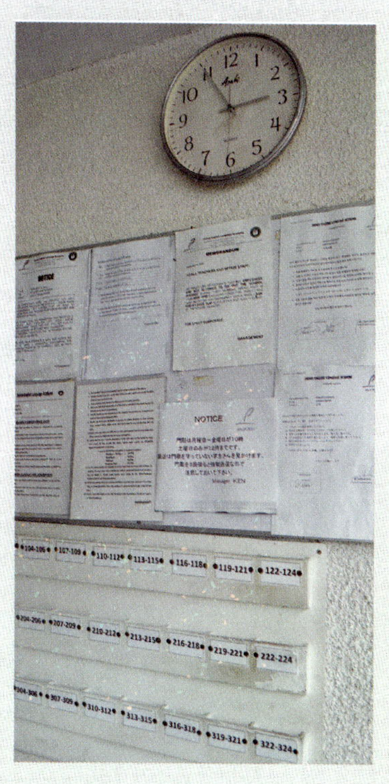

부모가 자식들을 필리핀을 보낼 때 가장 염려하는 부분은 필리핀의 밤 문화에 너무 빠져들지 않을까 하는 것이다. 실제로 여러 학생들이 필리핀의 밤 문화에 빠져 크고 작은 사건에 연루되기도 했다.

그래서 이를 해결하고자 필리핀 어학협회 자체적으로 시행착오를 겪으면서 실행된 것이 통금시간이다. 통금시간이 11시부터 2시 사이인 까닭은 필리핀에서의 피크타임이 그 시간이기 때문이다. 그 시간대에 클럽을 가게 되면 한국인 남성에게 달라붙어 픽업되기를 원하는 필리핀 여성들이 눈에 띈다. 그녀들에게 있어 한국인 남성과 사귀는 것은 여러 가지로 유리하다. 특히 한국인 남자들은 씀씀이가 커서 그녀들이 적극적으로 대시하기도 한다.

사정이 이러하다 보니 필리핀 어학원에서는 일탈하는 학생들을 어떻게든 잡아보려는 노력을 지금도 계속해서 고민하고 있다.

유학가기 좋은 곳은
세부, 마닐라, 바기오뿐인가요?

ANSWER　요즘은 필리핀 어학연수를 계획하고 있는 대부분의 학생들이 세부를 결정한다. 마닐라처럼 국제선으로 갈 수 있는 곳이기 때문이다. 예전에는 마닐라에 가장 많은 어학원들이 있었으나 지금은 축소되거나 문을 닫았다. 그 이유는 소문 때문이다. 다들 알겠지만 마닐라는 필리핀의 수도다. 그러다 보니 우리나라의 서울처럼 사건·사고가 가장 많을 수밖에 없다.

그런 사건·사고가 한국 사람들에게 마닐라는 위험한 곳이라는 인식을 심어주었고 마닐라 지역 내 어학원들이 서서히 축소되는 원인이 되었다. 그리고 그 대안으로 세부의 어학원이 뜨기 시작했다. 세부 지역은 모든 것을 갖춘 곳이다. 주말이 되면 1박 2일로 놀러갈 수 있는 세계적인 휴양지가 산적해 있으며, 먹을거리와 즐길거리가 집중되어 있어 점점 세부로 유학생들이 모이고 있다.

세부 지역의 어학원들은 점점 대형화되고 있으며 지금은 필리핀 유학의

절반을 차지할 정도가 되었다. 세부 다음으로는 바기오가 학생들을 끌어들이고 있다. 바기오는 스파르타 교육법으로 유명한 지역이다. 이 지역은 공부밖에는 할 것이 없을 정도로 즐길만한 것이 없다. 마닐라에서 버스를 타고 6시간 이상 가야 하는 지역이다.

내가 느낀 바기오의 첫 인상은 마치 다시 군대를 가는 듯한 느낌이었다. 바기오 다음으로 이야기되는 곳이 다바오, 클락, 수빅, 일로일로, 바콜로드, 팔라완 등인데 이 지역은 학생들이 잘 모를 뿐만 아니라 그리 선호하는 곳이 아니다. 필리핀에 입국한 후 다시 국내선 비행기를 타야 하는 지역이라 번거롭기 때문이다. 게다가 마닐라, 세부, 바기오 같은 지역의 어학원은 공항에서 내리면 픽업 차량이 대기하고 있지만 이곳들은 그렇지 않다. 하지만 이 지역들도 관심을 가져볼 만큼 알찬 지역이다.

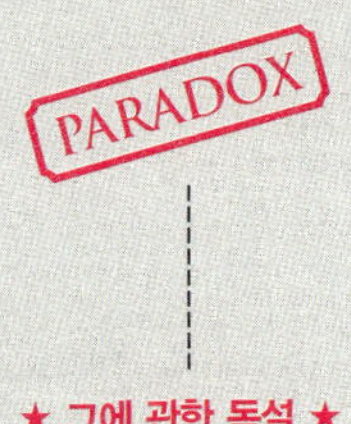

전자제품 사는데 한 브랜드의 상품만 보고 사는가?

다른 나라의 어학연수를 준비할 때와는 달리 필리핀 어학연수를 준비할 때면 유학원의 정보에 무작정 의지해 가는 경우가 있다. 물론 유학원의 정보가 잘못되었다는 것은 아니다. 하지만 전자제품을 살 때조차 여러 브랜드를 살펴보고 그중 자신에게 가장 적합한 것을 고르듯 유학도 그와 마찬가지로 생각했으면 좋겠다.

이것저것 따져보고 자신에게 맞는 곳이 어디인지 찾아보는 것이 현명하다는 말이다. 필리핀은 각 지역마다 언어가 다르며 생활방식 또한 많이 다르다. 필리핀 세부에서 지냈던 사람이 마닐라에 가면 적응을 못하고, 반대로 마닐라에 있던 사람이 다른 지역으로 가면 빨리 적응을 못할 정도다. 그 정도로 필리핀은 지역마다 다르기 때문에 이것저것 따져 자신의 성향에 맞는 지역을 선택할 필요가 있다.

유학원은 본인이 잘 결정할 수 있도록 정보를 주고 조언을 해주며 학교 수속을 대행해주는 곳일 뿐 조언에 대한 최종 결정은 자신이 하는 것이다. 모든 책임은 항상 자신에게 있다.

세부에 있는 사람이 마닐라로 가면 적응을 못하고 반대로 마닐라에 있는 사람이, 세부에 가면 적응을 못하는 경우가 있다. 현지인들조차 생활양식이 다르다는 필리핀.
최소한 지역 선정은 내 성향에 맞게 선택해야 한다.

방과 후에는 어떤 활동을 할 수 있나요?

ANSWER   스파르타 어학원 같은 경우에는 방과 후에도 자율학습을 강제 실시하기 때문에 밤 늦도록 도서관에서 지내는 경우가 허다하다. 반면 클래식 어학원 같은 경우는 방과 후 외출도 가능하고 어학원 내 부대시설(헬스장, PC실, 수영장)을 이용할 수도 있다. 가끔 어학원 자체적으로 다른 어학원과 친선 농구 게임 또는 축구 게임을 하기도 하며, 어학원에서 제휴하는 여행사를 통해서 시티투어나 호핑투어를 모집해 저렴한 가격에 즐길 수도 있다.

어디나 마찬가지겠지만 많은 사람들이 함께 움직이면 가격이 저렴해지므로 이런 기회를 살려 필리핀 문화를 즐겨보는 것도 좋을 것이다.

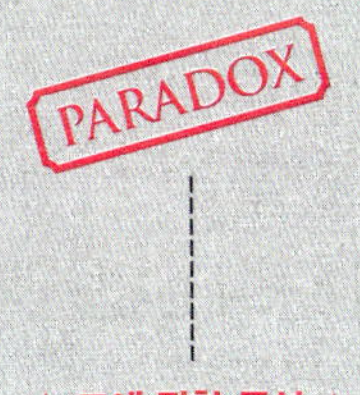

없어지는 방과 후 프로그램들

"이 학교에서는 방과 후 어떤 프로그램들이 운영이 되나요?" "예, 이곳에서는요, 영화클럽, 버디버디(필리핀 대학생들이 와서 학생들과 이야기를 나누는 프로그램), 비즈니스 프로그램 등이 운영되고 있어요."

학교를 선택할 때 많은 학생들이 방과 후 프로그램이 얼마나 많은지를 따진다. 어학원들 역시 한국에서 필리핀 어학원을 홍보할 때 이런 점을 강조한다. 하지만 현지에 가보면 이런 방과 후 프로그램들이 폐지된 경우가 많다. 잔뜩 기대한 학생들에게는 안 된 이야기지만 운영이 안 될 정도로 인원이 충원되지 않기 때문이다.

사실 많은 학생들이 어학원에 등록만 해놓고 정규 수업도 제대로 나오지 않는 경우가 비일비재하다. 그러니 방과 후 프로그램인들 제대로 운영될 리 없다.

이는 어학원의 장삿속과 충실하지 못한 학생들에 나타나는 현상이다. 방과 후 프로그램에 대해서는 오히려 마음을 비우고 새로운 대안을 찾아보는 것이 좋겠다.

필리핀 학교는 정전이
잘 된다는데 사실인가요?

ANSWER 필리핀에서 학교를 다니다 보면 '여기가 정말 한국보다 발전이 덜 된 곳이구나' 하고 생각되는 순간이 있다. 바로 정전이다. 미리 예고된 정전이 아니라면 한국에서의 정전은 대부분 누전 때문에 차단기가 내려간 경우다. 물론 이마저도 흔하지 않다.

이처럼 순간적인 누전으로 정전된 경우라면 차단기를 다시 원상태로 돌려 놓으면 되지만 이곳 필리핀에서는 일단 전기가 나가면 최소 한 시간은 기다려야 한다. 그러다 보니 정전이 되면 촛불을 켜고 수업을 진행하거나 야외수업을 하곤 한다. 이것은 한국과 필리핀이라는 국가가 가진 인프라의 차이다. 필리핀이라는 나라에서 공부를 하려면 어쩔 수 없이 감수해야 하는 부분이다.

WORLD SUPER WELTERWEIGHT CHAMPIONSHIP
PACQUIAO
MARGARITO
SUNDAY, NOVEMBER 14, 2010, 8AM
LIVE ON PAY-PER-VIEW • COWBOYS STADIUM

학비와 기숙사 비용을 제외하고 추가로 지불해야 되는 것은요?

ANSWER 학비와 기숙사 비용 외에 추가적으로 드는 비용이 어느 정도인지 몰라 난감해하는 학생들이 많다. 보통 추가적으로 드는 것으로는 교재비, 수도세, 전기세, 앞서 이야기한 SSP 비용, I-CARD 발급비, 비자 연장비 등이 있다. 보통 SSP 비용은 약 5000페소(15만 원), I-CARD 발급비는 US 50달러+500페소, 비자 연장비는 3개월 기준으로 약 18만 원 정도가 든다. 교재비는 권당 5000원에서 8000원 사이로 그에 따른 페소로 현지에서 계산한다.

전기세를 받기 시작한 학교들

예전에는 학비와 기숙사비를 책정할 때 전기세가 포함되어 있었다. 그런데 요즘은 따로 전기세를 받고 있다. 당연히 학생들은 이에 대해 불만이 자자하다. 하지만 전기세를 따로 걷겠다는 학교의 입장도 수긍이 가는 측면이 있다.

보통 필리핀 기숙사에는 에어콘이 있는데 학생들이 방에 있을 때 뿐만 아니라 하루 종일 틀어 놓는 경우가 많다는 것이다. 안 그래도 전력 상황이 좋지 않은데 에어콘 사용이 과부하를 일으켜 정전이 더 많이 일어나자 전기세를 받기 시작했고, 실제로 과부하로 인한 정전 사고가 줄어들었다고 한다.

전기세 전부를 학생들에게 부담시키는 것도 문제지만 학생들 역시 자신이 사용하는 시설에 대해 애착을 갖고 상대의 힘겨움을 바라봐주는 의식이 필요하다 할 것이다.

필리핀 어학원의 졸업식은 어떻게 진행되나요?

ANSWER 대부분의 필리핀 어학원의 졸업식은 성대하게 진행된다. 필리핀 선생님들이 졸업하는 학생들을 위해 춤과 노래를 선보이기도 한다. 졸업을 하는 학생들은 그동안 함께 지냈던 선생님들에게 감사의 편지와 선물을 하기도 하는 등 우리네 졸업식과 크게 다를 바가 없다.

클래스가 많은 학교는 매주 금요일마다 졸업식이 진행된다. 졸업식이 있는 날에는 대개 정규 수업 이외의 다른 수업은 하지 않는다.

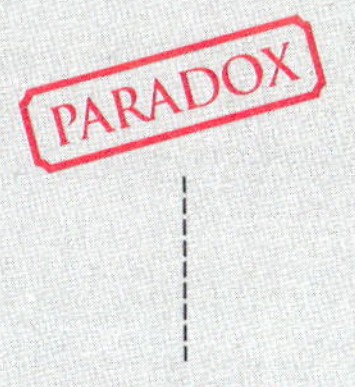

★ 그에 관한 독설 ★

졸업식이 사라지는 어학원들

필리핀 어학원의 졸업식은 마치 축제 같다. 다른 나라와는 다르게 1 : 1 수업을 진행하기 때문에 미운 정 고운 정이 들어 학생과 선생 간의 친밀도가 높기 때문이다. 그룹 수업으로만 진행되는 다른 나라 학교들하고는 확연한 차별성이 보이는 부분이다.

하지만 요즘에는 졸업식이 사라지고 있다. 많은 학생들이 졸업식에 참석하지 않아서다. 졸업을 앞두고 학교 수업을 빼먹는 경우가 허다하며 언제 필리핀을 다시 오겠냐는 생각에 여행이나 스킨 스쿠버에 빠져 있는 경우도 상당수다.

10명이 졸업하는 그 주의 졸업식에 2명만이 참석하고 그마저도 스포트라이트를 받기 싫어 불참을 해버리면 졸업식 자체가 성립되지 않게 된다. 유종의 미를 필리핀에서도 거두어야 하지 않을까?

필리핀 어학원에서 가르치는
선생님들의 전공은 무엇인가요?

ANSWER 필리핀 어학원에서 영어를 가르치는 선생님들의 이전 직업이나 전공은 어떤 것일까? 몇몇 경우를 제외하고는 간호학과와 IT 전공이 대부분이다. 다른 나라에서는 부족 직업군으로 구분되는 분야지만 이곳 선생님들은 외국에 나가 일을 하고 싶어한다. 외국에 나가 일을 하게 되면 몇 배 혹은 몇십 배에 달하는 돈을 벌 수 있기 때문이다. 필리핀에서는 가족 중 한 명이라도 외국에 나가 일을 하면 그 집안은 풍요롭게 산다고 한다.

필리핀 학교 선생님들의 이직률은 매우 높은 편이다. 어학원 자체가 그리 큰 급여를 받을 수 있는 곳이 아니어서 해외 취업이나 더 많은 임금을 주는 곳으로 옮기는 것이다.

오래된 선생님이 있는 곳이 좋은 학교다

좋은 학교와 나쁜 학교를 나눈다는 것은 사실 어리석은 일이다. 하버드 대학을 다녀도 본인과 맞지 않다면 나쁜 학교가 되기 때문이다. 하지만 필리핀 어학원을 좋은 어학원과 나쁜 어학원으로 나누는 기준은 여러 가지가 있다. 그중 하나가 그 학교에 오래된 선생님이 있는지 여부다. 오래된 선생님이 많은 학교는 그만큼 선생님이 흡족할 만큼의 임금을 보장해주는 곳이며, 그들에게 권위를 심어주기 때문에 선생님 스스로가 학교에 대해 애정이 있다고 볼 수 있다. 또한 오래된 선생님들은 학교 내 분위기를 주도하고 티칭 스킬을 새로운 선생들에게 전수한다. 그만큼 수업의 질이 좋을 수밖에 없다.

새로 생긴 학교에 다니는 학생들의 가장 큰 불평은 검증되지 않은 필리핀 선생님이다. 책임감이 없을 뿐만 아니라 영어를 가르치는 능력 또한 떨어져 이런 학교들은 다른 학교의 좋은 선생님을 치열하게 스카우트하기도 한다.

필리핀의 교육 체계는 어떻게 되나요?

ANSWER 필리핀 교육 체계는 초등학교에서 대학까지 6-4-4제를 채택하고 있다. 초등학교 6년, 중학교 없이 고등학교 4년, 그리고 대학교 4년이다. 우리에 비해 교육 체계가 2년 정도 짧다.

필리핀은 우리나라처럼 의무교육이 아니어서 부모의 의지에 따라 학교를 다니는 여부가 결정된다. 거리에 구걸하는 아이들이 많은 이유는 의무교육에 대한 인프라가 그만큼 떨어진다는 의미다.

의무교육이 아니다 보니 성당 같은 종교 단체가 무료 교육을 하는 등 사회가 지원하지 못하는 교육 체계를 뒷받침하는데, 이런 무료 교육 현장에 가보면 학생들의 연령대가 초등학생부터 고등학생까지 매우 다양함을 확인할 수 있다. 이 복잡한 연령이 다 함께 초등학교 수업을 듣는 것이다.

흔히 필리핀 사람들의 미래가 불투명하다고 이야기하는데, 가장 큰 이유는 의무교육이 부재하기 때문이 아닌가 싶다. 잘 배운 엘리트들도 외국으로 이탈해버리니 국가경쟁력이 높아질 수가 있겠는가.

필리핀에서 받은 토익 및 기타 검증시험, 국내에서 인정해주나요?

ANSWER 필리핀에 있는 여러 어학원들이 자신 있게 홍보하는 것 중 하나가 토익 및 IELTS 공인인증센터이다. 그렇다면 필리핀 어학원에서 본 시험을 우리나라에서 인정해주는지 의문이 생길 수 있다. 결론적으로 말해 토익 성적의 공인성은 인증된다. 문제는 자신이 들어가려는 기업에서 이 시험을 인정해주느냐 아니냐에 달려 있다. 필리핀에서 획득한 점수를 인정하지 않는 기업들도 있기 때문이다.

그러니 필리핀 어학연수 중에는 토익점수를 높게 받는 것에 초점을 맞추지 말고 언제 어디에서든 꾸준히 높은 점수를 받을 수 있도록 영어 실력을 갖추는 것에 힘쓰는 것이 바람직하다.

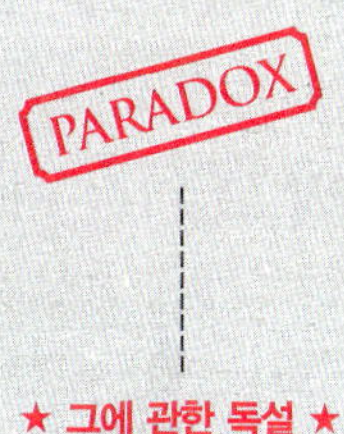

단기간 어학연수로 영어를 마스터했다고 착각하지 마라

필리핀 어학연수로 어느 수준까지 영어 실력을 높일 수 있을까? 최근에는 필리핀 어학원들의 수준이 높아져 1년 동안 호주나 캐나다로 해외 어학연수를 갔던 사람들조차 필리핀에 다시 가는 사람들이 생겨나고 있다. 하지만 그런 사람들은 대부분 그리 큰 만족도를 못 느끼고 돌아오는 것 같다. 필리핀 어학원을 찾는 대부분의 사람들은 아직까지는 영어 왕초보에서 초보딱지를 갓 뗀 사람들이다. 그러다 보니 모든 어학원의 커리큘럼이 그들에게 맞춰져 있다. 영어를 어느 정도 하는 사람들이 만족할 만한 커리큘럼은 찾아보기 힘들다.

필리핀 어학연수를 오래 하다 보면 영어 실력이 늘었다는 착각에 빠지기 쉬운데, 이는 필리핀 어학연수의 최고 특징인 1 : 1 수업에서 비롯된다. 1 : 1 수업의 장점이라면 나만의 맞춤 서비스가 가능하다는 것이고, 단점이라면 영어 실력의 발목을 잡는다는 것이다. 상대방의 눈빛만 봐도 무엇을 이야기하는지 아는 선생님이 있으니 영어 실력이 급속도로 향상되었다는 착각에 빠지게 되는 것이지 현실은 그렇지 않다.

언어는 꾸준히 공부를 해야 대성할 수 있다. 고작 몇 개월 공부했다고 해서 마스터되지 않는다.

필리핀 어학원의 교칙은 어떻게 되나요?

ANSWER 필리핀 어학원의 교칙은 클래식 어학원이냐 스파르타 어학원이냐에 따라 달라진다. 여기에서 소개하는 교칙은 스파르타로 유명한 모놀 어학원의 정규 규정집이다.

─제1장 퇴교 규정─

제1조 | 이성의 방 출입 시(현장 상황에 따른 세부 규정 적용)

- 이성의 방에 출입 시.
- 1회 출입 시 출입자에 한해 서약서 작성, 셀프 스터디(32시간) 및 2주간 주말 외출, 음주금지.
- 정해진 장소에서 적발된 그 주와 그 다음 주 토·일 셀프 스터디(08:00 ~ 17:00).
- 이를 지키지 못하고 어길 시 상벌 위원회 소집(셀프 스터디 지각 및 결석 포함).

- 2회 출입 시 출입자에 한해 서약서 작성, 상벌 위원회의 결정여부에 따라 처리(퇴교조치 가능).

단, 졸업일이 2주 이내인 학생은 적발 시(1회).

- 서약서 작성, 주말 외출, 음주금지.
- 정해진 장소에서 토·일 셀프 스터디 8시간(08:00 ~ 17:00).
- 모든 수업 참여(특이사항으로 수업에 참석하지 않을 경우 사전에 매니저의 허가를 받아야 함).
- 이를 지키지 못하고 어길 시 퇴교(셀프 스터디 지각 포함).

제2조 | 풍기 문란에 대한 규정(예 : 과도한 스킨십, 도박 등)

제1항 1회 경고 및 서약서 제출.

제2항 2회 서약서 제출, 셀프 스터디(16시간) 및 1주일간 주말 외출·음주 금지.

- 정해진 장소에서 적발된 그 주의 토·일 셀프 스터디(16시간: 08:00 ~ 17:00).
- 이를 지키지 못하고 어길 시 상벌 위원회 소집(예 : 1시간이라도 지각 및 결석 시 이유 불문하고 상벌 위원회 소집).

제3항 3회 서약서 제출, 셀프 스터디(32시간) 및 2주일간 주말 외출·음주 금지.

- 정해진 장소에서 적발된 그 주와 그 다음 주 토·일 셀프 스터디(16시

간: 08:00 ~ 17:00).

- 이를 지키지 못하고 어길 시 상벌 위원회 소집(예 : 1시간이라도 지각 및 결석 시 이유 불문하고 상벌 위원회 소집).

제4항 4회 적발 시 상벌 위원회의 결정에 따라 처리(퇴교 조치 가능).

단, 졸업일이 2주 이내인 학생은 적발 시(1회).

- 서약서 작성, 주말 외출·음주 금지.
- 정해진 장소에서 토·일 셀프 스터디 8시간(08:00 ~ 17:00).
- 모든 수업 참여(특이사항으로 수업에 참석하지 못할 경우 사전에 매니저의 허가를 받아야 함).
- 이를 지키지 못하고 어길 시 퇴교(셀프 스터디 지각 포함).

제3조 | 무단외출 금지에 대한 규정

제1항 무단외출 금지 규정 1회 어길 시

- 1회 무단외출 시 서약서 작성, 셀프 스터디(32시간) 및 2주간 주말 외출·음주 금지.
- 정해진 장소에서 적발된 그 주와 그 다음 주 토·일 셀프 스터디(08:00 ~ 17:00).
- 이를 지키지 못하고 어길 시 상벌 위원회 소집(셀프 스터디 지각 및 결석 시 이유 불문하고 상벌 위원회 소집).

제2항 무단외출 금지 규정 2회 어길 시 상벌 위원회 소집.

제3항 휴일 시작일 7시에서 휴일 마지막 날 21시까지 외출 허용, 이를 어길 시 허가 받은 외출 규정 적용.

제4항 평일 아침·점심 시간, 개별 휴식 시간, 오후 17~19시까지 산책 가능(단, 학원 300미터 이내).

제5항 TERM의 마지막 금요일 18시 이후에 외출 가능.

단, 졸업일이 2주 이내인 학생은 적발 시(1회)

- 서약서 작성, 주말 외출·음주 금지.

- 정해진 장소에서 토·일 셀프 스터디 8시간(08:00 ~ 17:00).

- 모든 수업 참여(특이사항으로 수업에 참석하지 못할 경우 사전에 매니저의 허가를 받아야 함).

- 이를 지키지 못하고 어길 시 **퇴교**(셀프 스터디 지각 포함).

제4조 | 음주에 대한 규정

제1항 학원 내 주중, 주말, 공휴일 음주 금지

- 학원 내에서 음주 및 주류 반입 1회 적발 시.

- 1회 음주 시 음주자 및 동석자에 한해 서약서 작성, 셀프 스터디(32시간) 및 2주간 주말 외출·음주 금지.

- 예외 없이 정해진 장소에서 적발된 그 주와 그 다음 주 토·일 셀프 스터디(08:00 ~ 17:00).

- 술자리에 동석한 학생도 같은 규정 적용.

- 이를 어길 시 퇴교조치(셀프 스터디 지각 및 결석 포함).
- 학원 내에서 음주 2회 적발 시 상벌 위원회 소집.

제2항 학원 외 주중 음주 금지(주말, 공휴일 음주 가능)

- 학원 외 주중에 음주 1회 적발 시.
- 1회 음주 시 음주자 및 동석자에 한해 서약서 작성, 셀프 스터디(32시간) 및 2주간 주말 외출·음주 금지.
- 예외 없이 정해진 강의실에서 적발된 그 주와 그 다음 주 토·일 셀프 스터디(08:00 ~ 17:00).
- 이를 어길 시 상벌 위원회 소집(셀프 스터디 지각 및 결석 포함).

제3항 학원 외 주중에 음주 2회 적발 시 상벌 위원회의 결정에 따라 처리(퇴교 가능성 있음).

제4항 친지 방문, 모임 등으로 인하여 주중 음주를 원할 경우 매니저와 상담 후 허가 여부 결정.

제5항 음주뿐만 아니라 술병이나 기타 알코올 음료 반입 시도 및 기숙사 해당 방에서 적발될 경우에도 음주로 간주. 책임자 구별이 모호할 시 방 구성원 전원 음주 1회 적용.

단, 졸업일이 2주 이내인 학생은 적발 시(1회)

- 서약서 작성, 주말 외출·음주 금지.
- 정해진 장소에서 토·일 셀프 스터디 8시간(08:00 ~ 17:00).
- 모든 수업 참여(특이사항으로 수업에 참석하지 못할 경우 사전에 매니저의 허가

를 받아야 함).

- 이를 지키지 못하고 어길 시 퇴교(셀프 스터디 지각 포함).

제5조 | Curfew time에 대한 규정

제1항 Curfew time 제도란?

- 주말·공휴일 야간에 출입 시간(24:00 ~ 06:00)을 지정하여 그 시간 동안에는 건물 출입이 불가능하다.

제2항 규정 위반 시 처벌

- 24:00 ~ 06:00 사이에 출입을 할 경우.

  규정 위반 그 다음 주 토요일 외출·음주 금지 및 셀프 스터디 8시간.

- 24:00 ~ 06:00 사이에 외출할 경우.

  특별한 경우 금요일까지 매니저와 상담 후 경우에 따라 외출 가능. 허가 받지 않은 경우 무단 외출 간주.

단, 졸업일이 2주 이내인 학생은 적발 시 외출 금지.

- 적발된 주의 토요일 셀프 스터디(08:00 ~ 17:00) 및 외출·음주 금지.

- 이를 지키지 못하고 어길 시 퇴교(셀프 스터디 지각 및 결석 포함).

- 졸업일까지 외출 불가능.

제6조 | 고의적인 학원 기물 훼손 및 절도행위에 대한 규정

- 학원 내에서 절도·폭행 시 1회 퇴교 및 경찰 고발.

- 고의적인 학원 시설물 훼손 시 퇴교 및 경찰 고발 조치 및 손해배상.

제7조 | 매니저에게 욕설, 폭행, 모욕적인 행위에 대한 규정

- 매니저에게 욕설, 폭행, 모욕적인 행위를 할 경우 상벌 위원회 소집.
  경우에 따라서는 퇴교조치.

Notice : 퇴교 규정을 2회 어겼을 경우 상벌 위원회의 결정에 따라 처벌이 결정됨.

─제2장 벌금 규정─

제8조 | 학원 내에서 영어 사용, 이를 어기고 한국어 사용 시 패널티 부과

적발 횟수	1회
패널티	주말 셀프 스터디 1시간(50페소)

제1항 SRD OFFICE에서 매니저와 상담할 경우 한국어 사용 가능.

제2항 밤 21~ 22시까지 식당에서 생일 파티 및 기타 행사를 하면서 한국어 사용 가능.

제3항 위 경우를 제외하고는 건물 내에서는 한국어 사용 불가능.

제4항 한국어 사용 시 패널티 적용.

제9조 | 아침 수업 관련 규정

제1항 아침 수업 불참 및 지각 시 주말 셀프 스터디 1시간(50페소)

제2항 아침 수업 장소는 식당 1, 2에서 이루어짐.

제3항 매주 금요일 시행되는 PATTERN EXAM을 통과하지 못하였을 경우 휴일 마지막 밤 21~23시 셀프 스터디, 휴일 21~23시 셀프 스터디에 불참했을 경우 통보 시 셀프 스터디 1시간(50페소), 불통보 시 셀프 스터디 2시간(100페소) 패널티 부과.

제4항 4주 이후에는 학생이 아침 수업 또는 셀프 스터디(22:00~24:00) 중 선택 가능. 지정된 시간에 자리를 비웠을 경우 정규 수업과 동일 처리해 패널티 부과.

제10조 | 정규 수업 관련 규정

제1항 정당한 사유 없이 결석계를 작성하지 않고 정규 수업 불참 시 1시간당 셀프 스터디 2시간(100페소).

제2항 결석계를 매니저실에 와서 작성 후 정규 수업 불참 시 1시간당 주말 셀프 스터디 1시간(50페소).

제3항 학원 졸업일이 1주 이내인 학생은 수업 결석 시 셀프 스터디가 불가능하므로 필히 수업을 참여해야 함.

제4항 학원 졸업일이 2주 이내인 학생은 마지막 주말 동안 모든 패널티를 셀프 스터디로 삭감해야 함. 그러지 못했을 경우 패널티를 돈으로 지불해야 함. 단, 질병으로 인한 정규 수업 불참 시 간호사의 진단서를 사무실로 제출하는 경우 페널티 삭감 허용.

- 셀프 스터디는 토요일 및 일요일(08:00~17:00) 가능.
- 셀프 스터디는 매주 금요일 13시부터 17시까지 B3 엘리베이터 옆 게

시판에서 신청 가능하며 업무시간 이외는 신청 불가능.

제11조 | 특별 수업 및 셀프 스터디(19:00 ~ 21:00)

제1항 셀프 스터디 불참 시 통보된 경우 주말 셀프 스터디 1시간(50페소), 통보하지 않았을 시 셀프 스터디 2시간(100페소) 페널티 부과.

제2항 특별 수업 불참 시 통보된 경우 주말 셀프 스터디 1시간(50페소), 통보하지 않았을 시 셀프 스터디 2시간(100페소) 페널티 부과.

제4항 지각 및 출석 체크 시 자리에 없으면 결석 처리.

제5항 학업 이외의 행위가 적발될 시(영화, 게임, 음식물 섭취, 한국말, 흡연) 선생님이 패널티 부과.

제12조 | 야간 셀프 스터디 규정(22:00 ~ 24:00)

제1항 셀프 스터디 불참 시 통보된 경우 주말 셀프 스터디 1시간(50페소), 통보하지 않았을 시 셀프 스터디 2시간(100페소) 패널티 부과.

제2항 지각 및 출석 체크 시 자리에 없으면 결석 처리.

제13조 | 주말 셀프 스터디 규정

제1항 주말 셀프 스터디는 매주 금요일 13시에서 17시 사이에 신청 가능.

제2항 주말 셀프 스터디를 신청하고 신청한 시간에 결석할 경우 시간당 셀프 스터디 2시간(100페소) 부과.

제3항 학업 이외의 행위가 적발될 시(영화, 게임, 음식물 섭취, 흡연 등) 근로
장학생에게 권한이 있음.

제14조 | 동성 방 출입 시 규정

제1항 출입 시 출입자에 한해 서약서 작성, 셀프 스터디(16시간).

제2항 주말 셀프 스터디를 신청하고 신청한 시간에 결석할 경우 시간당
2배(1시간→2시간)로 늘어남.

제15조 | 허가 받은 외출에 대한 규정

제1항 허가된 외출에서 1~15분 늦을 경우 서약서 작성, 주말 셀프 스터
디(8시간).

제2항 허가된 외출에서 15~30분 늦을 경우 서약서 작성, 주말 셀프 스
터디(16시간).

제3항 허가된 외출에서 30분 이상 늦을 경우 서약서 작성, 주말 셀프 스
터디(32시간).

제16조 | 화제예방 관련해 이를 어길 시 주말 셀프 스터디 10시간

- 가스버너 등의 취사도구 사용금지, 전열기구(커피포트, 전기장판) 적발
시 관련기구 압수·보관과 함께 패널티 부과. 보관된 물품은 졸업 시
반환.

제17조 | 자신의 해당 방 키를 분실 시 500페소 부과

- 분실사고 예방을 위해 문 고리 교체해야 함.

제18조 | 지정된 장소 외 흡연 금지

제1항 지정된 장소 외 흡연 적발 시 셀프 스터디 20시간(특히 화장실).

제2항 흡연 장소는 각 층 베란다와 입구 주차장이며 이 외의 지역에서 흡연 적발 시 패널티 부과.

제19조. ID 카드 규정

● **재학생**

제1항 ID카드 착용하지 않을 시 셀프 스터디 1시간(50페소) 패널티 부과.

제2항 학원 내 분실 시 재발급비 60페소(자율학습 대체 불가능) + 50페소(자율학습 대체 가능) 패널티 부과. 외출 후 분실 시 재발급비 60페소(자율학습 대체 불가능) + 50페소(자율학습 대체 가능) 패널티 부과.

● **신입생**

제1항 임시 ID카드 착용하지 않을 시 셀프 스터디 1시간(50페소) 패널티 부과.

제2항 학원 내 분실 시 재발급비 60페소(자율학습 대체 불가능) + 50페소(자율학습 대체 가능) 패널티 부과. 외출 후 분실 시 재발급비 60페소(자율학습 대체 불가능) + 50페소(자율학습 대체 가능) 패널티 부과.

제20조 | 식기 반입 규정

제1항 식기 반입 또는 반납할 시 반드시 기록을 하여야 함. 기록 없이 식기를 반입·반납할 경우 셀프 스터디 1시간의 패널티 부과.

제2항 식당에서 기록도 하지 않고 식기를 방에 반입했다가 ASD에게 적발되었을 경우 그 방 구성원 전체에게 셀프 스터디 1시간의 패널티 부과.

> **Notice** : 모든 패널티는 주말 셀프 스터디로 대체할 수 있음(50페소 = 1시간).
> 셀프 스터디는 매주 금요일 13시부터 17시 사이에 신청 가능.
> 매 기간 마지막 날까지 패널티를 정산하지 못했을 경우 현금으로 대체.

－제3장 학원생활 규정－

제21조 | 여행에 대한 규정

제1항 주말여행을 계획할 경우 여행스케줄, 학생들 명단 및 연락처를 반드시 매니저에게 통보해야 함.

제2항 토요일 아침 7시(공휴일 시작일)부터 휴일 마지막 날 21시까지 여행 가능.

제3항 휴일 마지막 날 21시까지 학원에 도착하지 않을 경우 허가 받은 외출에 대한 규정 적용.

제4항 사전 통보 시 셀프 스터디 8시간 적용(단, 상황에 따라 차등 적용).

제22조 | 외출 규정

제1항 외출하는 방법

- LEAVE PASS FORM을 작성한 후 매니저의 사인을 받아야 함.
- 매니저실에 있는 외출 관리 대장부에 외출 명단 및 목적지와 시간을 기입.
- LEAVE PASS FORM을 가지고 가드에게 출발 시각 확인 후 지문 인식.
- LEAVE PASS FORM을 가드에게 맡김.
- 돌아온 후 지문인식 및 가드에게 도착 시간을 확인받음.
- 매니저에게 증거(영수증 등) 제시 및 해당 양식 반납(업무 종료 후에는 다음 날 제출).
- 외출 관리 대장부에 도착 시간 및 사인을 해야 함.

제2항 외출 신청은 각자 해야 하며 대리 신청 및 단체 신청은 불가.

제3항 구두로 신청하고 외출했을 경우에도 무단 외출로 간주.
반드시 LEAVE PASS FORM을 작성해서 매니저에게 제출 및 승인을 받아야 함.

제4항 허락을 받고 외출을 하게 될 경우 매니저에 의해 승인된 시간까지는 학원으로 돌아와야 함(단, 매니저와 상담 후 허가 받고 LEAVE PASS FORM 작성했다면 외출 가능).

Notice : 병원 | 매니저와 상담 후 시간 결정, 우체국 | 1시간 30분, 은행 | 1시간 30분(영수증 제출), 병원을 제외한 나머지 외출은 수업을 결석하고 절대 외출 불가능.

제5항 외출 신청은 업무시간(08:00 ~ 17:00)에만 가능.

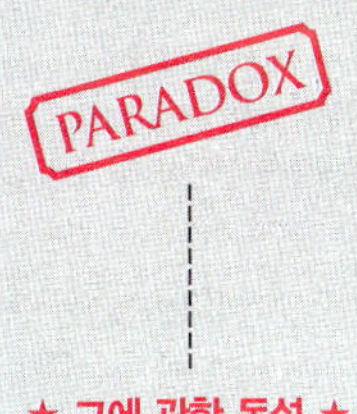

★ 그에 관한 독설 ★

타율적으로 압박해야 공부하는 학생들

세계 유일하게 스파르타 교육법이 통하는 유일무이한 나라가 바로 대한민국이다. 그래서일까? 필리핀에 있는 모든 학교들이 학생들에 요구에 의해서 스파르타화 되어가고 있다. 모든 것을 다 통제해주고 심지어 자율학습하는 시간까지 통제해주고 있다. 스파르타 교육법은 타성에 젖어 살아온 한국인에게 맞는 학습법일 수 있다. 하지만 어학연수가 끝나고 난 다음 누군가 관리해주지 않으면 공부를 안 하게 되는 것은 아닐지 우려된다.

필리핀에 6개월 있으면서 불평을 하는 학생들의 대부분이 다른 학교보다 더 엄격하게 자신들을 옥죄지 않았다고 한다면 여러분은 믿을 수 있겠는가? 의지가 약해서 스파르타식 어학원을 선택한 것은 좋지만 그것이 지나쳐 타성에 길들여지는 사람이 되지는 말아야 할 것이다.

FROILAN
"AMAY" DY
for COUNCILOR

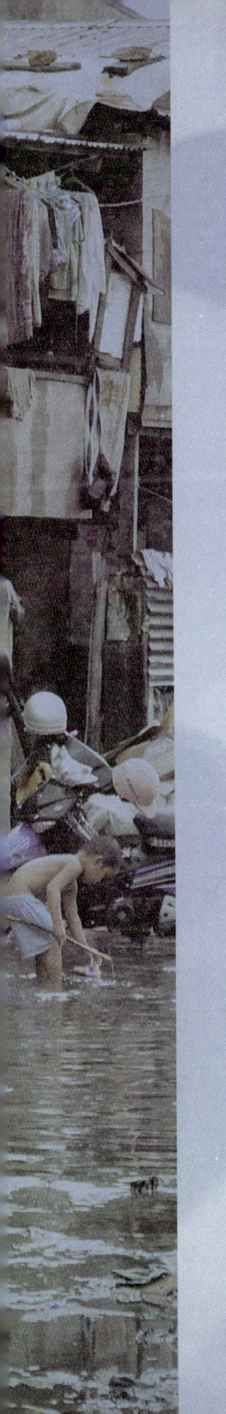

Part3

필리핀에서의 문화

필리핀에는 강도와 살인이 사건이 많다는데 괜찮나요?

ANSWER　많은 학생들이 필리핀 내의 치안에 대해 걱정한다. 나 역시 필리핀 어학연수를 준비하면서 군대 갈 때보다 더 큰 걱정을 했던 사람이다. 하지만 결론적으로 말하면 필리핀은 염려했던 것만큼 위험하지 않다. 필리핀에 있는 대부분의 학교는 안전한 지역에 위치해 있으며 각 지역마다 가드(Guard)가 있어서 위험하지 않다. 문제는 학생들이 필리핀에서 생활을 하다 보면 종종 우범 지역을 드나든다는 데 있다.

비키니 바, 클럽, 카지노 같은 곳은 필리핀이나 우리나라나 우범 지역이기는 마찬가지다. 필리핀 사람들은 한국인이 돈이 많다고 생각하기 때문에 더욱 위험할 수 있다. 물론 이런 곳은 가드가 지키고 있다. 그러나 위험하지 않다면 가드가 지킬 필요도 없는 것이니 애초에 위험한 곳은 다니지 않는 것이 좋겠다.

필리핀은 위험하다?

'영어에 관한 기본이 필요하다면 필리핀을 가야 한다'는 말은 이제 정설이 되어버렸다. 하지만 '총을 가지고 다니는 사람들이 많다', '30만 원이면 킬러를 고용할 수 있다', '강도와 도둑이 많다'라는 말이 돌면서 필리핀의 치안에 대한 문제가 계속 제기되고 있어 망설여진다.

필리핀은 과연 위험한 곳일까? 사실 우범 지역을 제외한다면 필리핀은 안전한 곳이다. 필리핀이 위험하다는 인식은 필리핀에서 한인 사고가 종종 발생하면서 언론이 필리핀에 대한 치안 문제를 계속해서 보도했기 때문이다. 하지만 필리핀에서 일어나는 한인 사고는 몇 몇 경우를 제외하고는 본인의 부주의로 생긴 경우가 많다.

미리 주의를 하는 것은 좋지만, 필리핀인을 대할 때 무조건 경계심을 드러내는 것은 오히려 큰 화를 부르기 쉽다. 필리핀인은 워낙 자존심이 강하기 때문에 깔보는 태도를 보이거나 자존심을 건드리는 행위 등을 하면 굉장히 불쾌해하며 심할 경우 살인을 해서라도 갚아야 한다는 정서가 깔려 있다.

필리핀도 한국과 똑같다고 생각하면 문제될 것이 없다. 필리핀에서 깡패나 강도를 만나는 것은 우리나라에서 만나는 것과 같은 확률이다. 설령 강도를 만났다고 해도 필리핀의 치안이 불안정하다고 해석하는 것은 침소봉대라고 할 수 있다.

필리핀 화장실에는 변기 뚜껑이
없다는데 사실인가요?

ANSWER 예전에는 변기 뚜껑이 없는 경우가 많았다. 하지만 지금은 유학생들이 자주 가는 대형쇼핑몰이나 기숙사 화장실에는 변기 뚜껑이 거의 다 있다. 그러나 필리핀 사람들은 공동 화장실에 변기 뚜껑이 있는 것이 더 불결하다고 느낀다. 그래서 간혹 술집을 가게 되면 변기 뚜껑 없는 화장실을 볼 수 있다. 아무래도 많은 사람의 피부가 닿으니 그런 모양이다. 변기 뚜껑이 없을 때는 어떻게 볼일을 봐야 할까? 확실하게 물어본 것은 아니지만 대부분의 필리핀인은 화장지를 앉는 부위에 깔고 볼일을 보는 것으로 알고 있다.

왜 방문자가 집주인의 주거지역을 평가하는가?

아직도 시골에 가면 재래식 화장실을 볼 수 있다. 사람마다 다르겠지만 성인이라면 이런 화장실에서 용변을 본 기억이 있을 것이다. 재래식 화장실을 이용할 때 욕을 하는가? 너무 지저분해서 이용을 못하겠다며 투정을 부리는가? 아마 아닐 것이다. 대부분 그 화장실에 맞춰서 용변을 본다.

그런데 이상하게 필리핀에 오면 뚜껑 없는 변기를 신기해하고 마치 문명인이 아닌 것처럼 필리핀인을 쳐다보는 한국인이 있다. 그것은 예의가 아니다. 필리핀에서의 화장실 문화를 두고 그런 시선으로 봐서는 안 되는 것이다.

이런 한국인에게 필리핀인은 말한다.

'왜 방문자가 집주인의 주거지역을 평가하는가?'

필리핀 사람들은 영어를 잘하나요?

ANSWER 어학연수를 준비하는 학생들에게 가장 큰 걱정은 필리핀 선생들이 과연 영어를 잘할까 하는 의구심이다. 필자가 필리핀에서 느낀 점은 그들은 영어로 농담할 정도의 수준은 충분히 되며 외국인들과 대화하는 모습을 보면 발음 또한 전혀 걱정할 필요가 없다.

하지만 문제가 아주 없는 것은 아니다. 시류에 따라 만들어진 신생 어학원들의 경우 선생님 모집에 급급해 검증되지 않는 선생님을 채용한 경우가 많아 수업의 질이 떨어지는 경우가 종종 있다. 따라서 필리핀 어학원을 선정할 때에는 오래된 선생님이 얼마나 많이 있는지 살펴보는 것이 매우 중요하다.

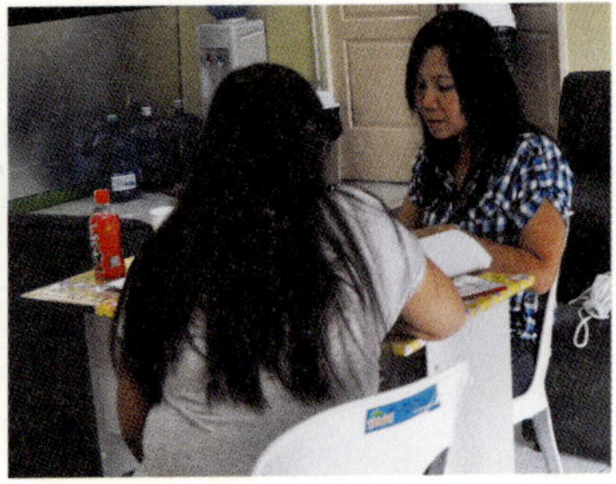

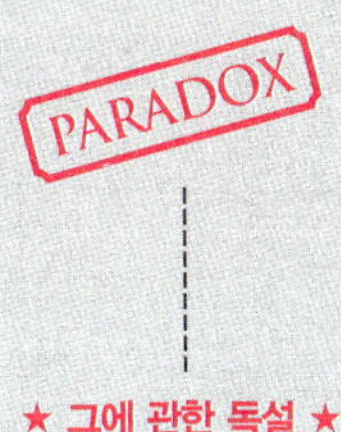

어학연수를 하러 가는 것이지 휴양하러 가는 것이 아니다

많은 학생들이 필리핀 어학연수를 준비하면서 시설을 중요하게 생각한다. 그러다 보니 필리핀 어학원들 대부분이 학교의 내실보다는 편의 시설 확충과 완벽한 기숙사 시설을 완비하려 하고 이를 홍보하는 웃지 못할 사태까지 발생한다.

하지만 생각해보라. 어학연수를 가는 것은 호텔에 투숙하러 가는 것이 아니라 공부를 하러 가는 것이다. 그러니 시설에 너무 신경쓰지 말고 그 학교의 내실을 살피도록 하자. 시설이 좋은 것은 생활하는 데 도움은 되지만 자신의 목표를 이루게 하는 결정적 요소는 아니다. 영어 공부부터 열심히 하고 나중에 성공해서 별 네 개 이상의 고급 호텔로 여행을 가라. 어학연수를 하러 가면서 시설 타령만 하는 것은 그리 현명하지 못한 일인 것 같다.

대부분의 가드들이 총을 들고 있는데 진짜인가요?

ANSWER   필리핀에서 가장 놀라운 것 중 하나는 총기를 들고 있는 가드들의 모습이다. 그 모습을 보게 되면 왠지 전쟁터에 온 것처럼 위압감이 느껴진다.

우스개 소리인지 모르겠으나 필리핀 사람들은 총은 있는데 총알이 비싸서 총기 사용을 못할 만큼 많은 이들이 총기를 소지하고 있다고 한다. 필리핀 사람들하고 극단적인 싸움을 해서는 안 되는 이유 중 하나도 이 때문이다. 실제로 필리핀에서는 매년 많은 사람들이 크고 작은 총기 사고를 당하고 있다.

필리핀에서 힘 자랑하지 마라

간혹 술을 마시면 남에게 시비를 거는 술버릇 고약한 사람들이 있다. 이런 사람들은 개버릇 남 못 준다고 필리핀에서도 술을 먹은 후 시비를 거는 경우가 많다. 문제는 필리핀에는 총기를 소유한 사람이 많고 그들이 자존심을 건드리는 행위를 매우 싫어한다는 점이다.

술 마신 김에 힘 자랑이라도 하듯 눈을 치켜세우고 필리핀인들에게 시비를 걸 경우 한국에서처럼 파출소행으로 조용히 끝나는 일은 거의 없다. 극단적인 경우 총에 맞을 수도 있으며 끌려가서 집단구타를 당했다는 사례도 여럿 있다.

필리핀은 조심만 한다면 절대로 위험한 곳이 아니다. 본인의 잘못된 돌출 행동이 위험하게 만드는 것이다.

우리나라도 아닌 필리핀까지 가서 힘 자랑하는 일은 절대로 없어야 할 것이다. 매우 위험한 일임을 꼭 명심하기 바란다.

필리핀의 공휴일은 어떻게 되나요?

ANSWER 필리핀의 정기적인 휴일은 다음과 같다.

A. Regular Holidays

- New Year's Day - January 1
- Good Friday - April 1, 2(Thursday/Friday)
- Araw ng Kagitingan - April 9(Friday)
- Labor Day - May 1(Saturday)
- Independence Day - Jun 14(Monday), moved from June 12
- National Heroes Day - August 30(Monday)
- Bonifacio Day - November 29(Monday), moved from November 30
- Christmas Day - December 25(Saturday)
- Rizal Day - December 27(Monday), moved from December 30

B. Special(non working) holidays

- Ninoy Aquino Day - August 23(Monday), moved from August 21
- All Saint's Day - November 1(Monday)
- Christmas Eve - December 24(Friday)
- New Year's Eve - December 31(Friday)

필리핀의 공휴일은 일정하지 않다

필리핀에 오래 있다 보면 이해가 안 되는 것이 하나 있다. 그것은 휴일이 일정하지 않다는 것이다. 우리나라 같은 경우는 매년 새해 달력을 보면서 공휴일이 휴일하고 겹치느냐 아니냐에 따라 환호하기도 하고 실망하기도 하지만 필리핀은 휴일이 굉장히 유동적이다. 만약 공휴일이 화요일이라면 필리핀인들은 휴일을 옮겨 월요일에 쉰다. 일요일과 월요일 연 이틀을 쉴 수 있으니 그것이 더 현명하다고 생각하는 것이다.

그들은 징검다리 식으로 휴식을 취하는 것은 비효율적이며 인생을 즐기지 못하는 것이라고 생각한다. 인생을 즐기는 것을 낙으로 아는 필리핀인의 독특한 문화가 아닐까 싶다.

필리핀에서는 갑자기 휴일이 잡히는 경우가 많다. 어학원을 다닐 때에도 한 달에 한 번 정도는 쉰다고 생각해야 된다. 그나마 아키노 대통령이 이런 식의 행태를 조금씩 수정해 나간다고 하니 지켜볼 일이다. 하지만 뼛속 깊이 들어 있는 휴일의 개념이 쉽게 바뀔지는 의문이다.

블랙매직이 뭔가요?

ANSWER　블랙매직. 처음 들어보는 사람이 많을 것이다. 블랙매직은 동남아시아에서 행해지는 민간주술이다. 몇 편의 영화를 통해서 어느 정도 언급되기는 했는데, 누군가 자신에게 해를 끼친다고 생각했을 때 음식이나 선물을 통해 그에게 저주를 내리는 주술을 뜻한다.

필리핀의 젊은 사람들은 모르는 경우가 많지만 나이 지긋한 필리핀인들은 아직도 믿고 있는 민간신앙이다.

자존심을 그 누구보다 소중히 여기는 필리핀 사람들

한국인이 많은 곳에 사는 필리핀 사람들은 한국인에 대해 그다지 좋지 않은 감정을 가지고 있다. 어떤 곳은 매우 안 좋다고 표현해도 무방할 정도다. 이렇게 된 가장 큰 이유는 필리핀을 다녀간 한국인이나 현지 교포들이 필리핀 사람들의 자존심에 상처를 냈기 때문이다. 가장 큰 문제는 필리핀인들을 열등한 사람 대하듯 아래로 보는 시선이다. 자존심을 그 무엇보다 소중히 여기는 필리핀 사람들이 그런 한국인을 좋게 대할 리 없다.

어떤 나라든 그곳에 살기 위해서는 그 나라의 문화를 잘 이해할 필요가 있다. 그것이 서로를 이해하고 함께 상생하는 길이다. 불과 몇십 년 전만 해도 우리나라 또한 경제적으로 풍요로운 국가가 아니었음을 상기하자. 작은 성장에 도취하여 경제력이 약한 나라의 사람들을 무시하는 풍조는 없어야 할 것이다.

필리핀 남자들은 우산을
잘 안 쓴다는데 사실인가요?

ANSWER 폭우가 내릴 때에는 남자들도 당연히 우산을 쓴다. 하지만 적은 비가 내릴 때에는 대개 모자를 쓰거나 그냥 맞고 다닌다. 우산을 쓰는 것은 여자들이나 하는 행동이라고 여기기 때문이다.

이는 여성을 비하하는 의미가 아니다. 남성성을 강조하는 일종의 문화적인 모습일 뿐이다. 그렇다고 한국 학생들도 남성성을 과시하기 위해 이런 행위를 따라할 필요는 없다.

필리핀 하면 많은 사람들이 아름다운 해변과 깨끗한 공기를 떠올리지만 이는 먼 옛적의 이야기다. 실제로는 필리핀 거리를 한 시간만 걸어도 가래가 나올 정도로 공기오염이 심하다. 그러니 괜한 필리핀식의 남성성 과시는 그만두고 건강을 챙기는 것이 좋을 것이다.

필리핀 아이들에게 돈을 주지 말라는데
그 이유는요?

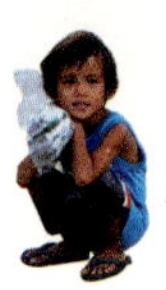

ANSWER 필리핀 거리를 거닐다 보면 헐벗은 필리핀 아이들이 옷자락을 붙잡고 구걸하는 모습을 종종 볼 수 있다. 이런 어린 아이들의 눈망울을 마주치게 되면 얼마 안 되는 동전이나마 쥐여주고 싶어지는 것이 사실이다. 하지만 필리핀 현지에서 사귄 친구들의 말에 의하면 절대로 그렇게 해서는 안 된다고 한다. 돈을 쉽게 벌 수 있다는 생각을 하게 만드는 것도 문제지만 어린 아이들이 그 돈으로 본드를 사서 흡입한다는 것이다.

실제로 어린 아이들이 담배와 약을 하는 모습을 간혹 볼 수 있는데, 초등학교를 갓 졸업했을 만한 어린 아이들이 담배를 물고 다니는 모습은 가히 충격적이다.

사실 이런 문제는 쉽지 않은 윤리의 문제다. 섣부른 동정심으로 그 사람의 인생을 망치지 말라는 것인데 판단하기는 쉽지 않다. 보건과 복지가 발달하지 못한 곳이라서 마음은 아프지만 그렇게 충고하는 필리핀 사람들의 심정도 이해는 된다.

필리핀인에게 줄 만한 선물로 뭐가 있을까요?

ANSWER 다른 나라의 어학연수와 달리 필리핀 선생님은 연령대가 비슷하여 금세 친해진다. 연수가 끝날 즈음이 되면 편지와 함께 소소한 선물을 준비한 선생님이 많아 가슴이 뭉클해지기까지 한다.

이럴 때는 우리도 무언가 마음에 남는 선물을 하고 싶을 것이다. 작지만 마음이 담긴 선물로는 어떤 것이 좋을까? 실용적인 것을 좋아하는 사람들인 만큼 우리나라 브랜드의 스킨과 로션 혹은 선크림 같은 화장품 정도라면 주는 사람도 받는 사람도 적당하지 않을까 싶다. 국내에서 준비해 가면 가격에 대한 부담도 적을 뿐만 아니라 선물을 받는 사람도 매우 즐거워한다. 본인이 입은 옷을 서로 교환하는 것도 좋은 방법이다. 필리핀에서는 중고 옷 유통이 흔해 입던 옷이라도 거부감이 없다. 이 외에도 같이 식사를 하거나 전신 마사지를 같이 받는 것도 좋겠다.

필리핀에서 비싼 한국 물품들

한국에서는 저렴한 물건이 필리핀에서는 고가에 거래되는 경우가 많다. '지오다노' 같은 경우 우리나라에서는 중저가 브랜드지만 이곳에서는 고급 브랜드에 속한다. 저가 화장품 브랜드로 이름을 알리기 시작한 '더 페이스샵'이나 '푸드나라', '니베아' 역시 필리핀에서는 고급 브랜드다. 전자제품은 우리나라에서 구입한 뒤 소포로 받는 것이 더 저렴할 정도로 필리핀에서는 비싸다.

필리핀의 물가가 언제나 어떤 물건이나 싼 것은 아니다. 지금 여행 짐을 싸야 한다면 이런 점들은 잘 점검해볼 필요가 있다.

카지노가 그렇게 위험한가요?

ANSWER　손이 잘려도 한다는 카지노. 사실 필리핀에는 카지노가 너무 많다. 카지노 중독에 빠져 일상생활을 못하는 사람도 부지기수이다. 필리핀의 카지노는 적은 돈으로 할 수 있어 괜찮다고 생각하는 사람들이 있다. 10페소(250원)에서 100페소(2500원) 정도에 배팅할 수 있으니 어느 정도 맞는 말이지만 바늘 도둑이 소 도둑 된다고 하지 않던가. 모든 중독은 그렇게 조금씩 늘어나다가 걷잡을 수 없게 되는 것이다.

필리핀 여행을 하는 경우 대부분은 카지노를 즐기게 된다. 여행 패키지 안에 카지노 투어가 포함되어 있기 때문이다. 한국 여행객들이 대개 이때 카지노를 처음 접하고 쉽게 도박에 빠진다.

그러므로 카지노에 갈 때는 절대로 신용카드를 소지해서는 안 된다. 돈을 잃어도 흥분하지 말고 카지노장에 들어가면 다 그러려니 생각해야 한다. 비싼 관람료 냈다 생각하자. 운이 좋아 게임에 이겼다면 행운이라 생각하자. 욕심을 부려 계속한다면 이때부터는 걷잡을 수 없게 된다. 카지노에 갈 때는 쓸 돈을 딱 정해 놓고 다 잃으면 지체 없이 일어나는 것이 상책이다. 관람이 끝났으면 자리를 뜨는 것이 예의이며 실속 있는 것이다.

TULIPSTAR
POKER ROOM
FIRE EXIT

SONOS

카지노에서 접근하는 한국인의 정체는?

내가 생각하는 가장 위험한 중독은 카지노 중독이다. 필리핀에서는 합법적이어서 말릴 방법이 마땅하지 않지만 일단 발을 들여 놓으면 대부분 파산을 하고 자기 인생 또한 그 안에 저당 잡히고 만다. 우리나라의 잠정적 도박 중독자가 200만 명이라는 조사 결과도 있다.

사실 카지노는 가지 않으려 해도 갈 수밖에 없는 경우도 있다. 여행 패키지에 카지노 투어가 언제나 끼어 있기 때문이다. 문제는 잠깐 재미로만 즐기면 되는데 돈이 오갈수록 사생결단이 되는 것이다. 필리핀에 가보면 모든 일을 포기하고 카지노에 눌러 사는 한국인의 모습을 어렵지 않게 볼 수 있다. 급전을 빌려준다는 가계들마저 즐비하니 잘못하다가는 모든 걸 잃을 수도 있다.

요즘에는 한국인 브로커까지 카지노에 등장했다. 그들은 게임을 하는 한국인에게 접근해 숙박과 식사를 제공해주겠으니 VIP 룸에서 편하게 게임을 즐기라고 유혹한다. 브로커들은 이렇게 모은 한국인들이 카지노에서 돈을 잃을 경우 전체 금액의 몇 퍼센트를 커미션으로 챙긴다. 잘 나가는 브로커는 하루에 1억 원이 넘는 커미션을 챙긴다고 하니 참으로 심각한 지경이다. 이렇게 걸려든 사람이 패가망신에 인생이 거덜나는 것은 당연지사다.

필리핀의 종교는 어떻게 되나요?

ANSWER   잘 알려진 대로 필리핀은 가톨릭 국가이며 국민의 85퍼센트가 가톨릭 신자다. 우리나라에서 카톨릭은 천주교를 일컫지만 필리핀에서는 예수를 믿는 모든 기독교를 통틀어 가톨릭이라 한다. 물론 천주교 신자가 압도적으로 많다. 카톨릭 외에 이슬람, 불교, 도교 등도 있다. 민다나오 섬은 이슬람과 가톨릭 간의 분쟁이 있는 지역으로 유명할 정도로 종교적 갈등이 있는 곳이다.

필리핀은 가톨릭 교리의 영향으로 이혼이 어렵고 유산이 엄격히 금지되어 있다. 종교의 영향력은 참으로 대단하여 어디를 가든 가톨릭의 분위기를 느낄 수 있으며 심지어 지프니 운전석에서도 가톨릭 성화를 흔하게 볼 수 있다. 그 정도로 필리핀인에게 종교는 그 어떤 것보다 소중한 유산이다.

낙태를 권장하는 사회와 코피노

필리핀에서의 낙태는 종교적인 영향으로 금지되어 있을뿐더러 정서적으로도 받아들이지 못하는 일 중 하나다. 필리핀 방송에서 비밀스럽게 낙태시술을 받았다며 이를 참해하며 용서를 구하는 장면이 나온 적이 있었는데 이들이 낙태를 얼마나 큰 죄악으로 받아들이는지 느낄 수 있었다.

문제는 이런 것과 문화적인 관점이 다른 사람들이 갈등할 때 발생한다. 필리핀에 방문하는 한국인이 많아지면서 자연스럽게 남녀 간의 만남도 많아지고 있으며 이에 따라 임신을 하는 필리핀 여성도 많아지고 있는데, 이때 한국 남성들은 책임을 지겠다는 생각 대신 낙태를 권하거나 당황해 도망가는 일이 많다. 여기에서 문화적 갈등이 초래된다. 필리핀 여성은 정서상 절대로 낙태를 할 수 없다.

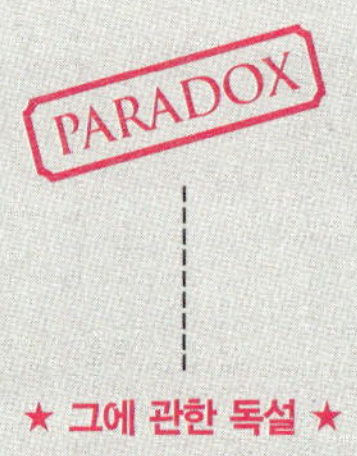

필리핀 여성은 정서상 절대로 낙태를 할 수 없다. 상대에 대한 배려가 조금이라도 있다면 서로에 대한 마음을 완전히 확인하기 전까지는 남녀 간의 만남도 신중하게 해야 할 것이다.

이런 결과는 분명 두 사람 모두의 잘못이다. 많은 필리핀 여성들이 한국 남자와 만나 사랑하고 결혼하는 것을 일종의 신분 상승으로 여긴다. 반면 한국 남성들은 잠깐의 로맨스나 불장난쯤으로 생각하는 경우가 많다.

상대에 대한 배려가 조금이라도 있다면 서로에 대한 마음을 완전히 확인하기 전까지는 육체 관계를 하지 않거나 적어도 피임이라도 확실하게 하여 아이가 생기는 일만은 미연에 방지해야 한다.

책임도 지지 못할 거면서 코피노(한국인 남성과 필리핀 여성 사이에 태어난 아이)를 태어나게 하는 것은 죄악이다. 자신의 인생이 소중하다면 다른 이의 인생도 소중하지 않겠는가. 더구나 자신의 피를 이어 받은 아이가 평생 자신을 원망하며 자란다고 생각하면 참으로 끔찍하지 않겠는가. 비록 낙태에 대해 거부감이 적은 한국인들이지만 우리들의 잣대로 그들에게 낙태를 강요하는 일만은 없었으면 한다.

필리핀인과 약속할 때 주의해야 할 점이 있나요?

ANSWER 필리핀에서의 약속은 코리아타임에 버금간다. 코리아타임은 늦기는 해도 결국은 사람이 오지만 필리핀에서는 아예 사람이 오지 않을 수도 있으므로 더 심하다고 할까?

절친한 친구가 되었다고 생각하여 주말에 만나기로 하고 약속 장소에 가보면 약속한 필리핀 친구들이 오지 않는 난감한 일이 발생한다.

이것은 말하자면 일종의 문화적인 차이다. 내 경험에 의하면 필리핀 사람들은 약속을 쉽게 한다. 그리고 그것을 쉽게 잊어버린다. 거절하는 것 자체를 이상하리만치 싫어하기 때문에 약속 장소에 나타나지 않을지언정 약속은 쉽게 하는 것이다. 이러한 문화적 차이 때문에 적잖이 오해하고 싸우는 경우도 간혹 있다.

그래서 약속을 할 때는 정말 분명하게 해야 한다. 중요한 약속은 누차 강조를 하고 확인을 거듭 하는 것이 중요하다. 의례상 말한 약속인 경우에는 지키지 않아도 된다고 생각하기 때문에 이런 문화적인 부분까지 잘 챙겨야 서로 오해가 없을 것이다.

필리핀에 게이트가 있다는데 그게 뭔가요?

ANSWER 게이트는 사적인 영역으로 들어가는 일종의 출구를 말한다. 고급 아파트 단지의 무인 경비 시스템을 갖춘 현관 정도라고나 할까. 비밀번호나 출입키가 없으면 들어갈 수 없는 출구라고 할 수 있다. 필리핀에도 일부 부촌을 중심으로 게이트가 설치되어 있다. 게이트 입구에는 경비원이 있으며 허가 받지 않은 사람들의 출입을 제한하고 있다.

수도인 마닐라에는 대부분의 지역에 게이트가 있다. 세부의 부촌 역시 게이트가 있어 함부로 사람들이 출입하지 못한다. 수빅과 클락은 지프니까지 통제하여 가장 안전한 지역이라 알려져 있다.

게이트는 그것을 중심으로 부촌과 빈민촌이 갈리는 안타까운 현실을 만들어내고 있다. 자신들의 안전을 위해 부자들이 만든 것이기 때문에 가난한 사람들은 함부로 출입할 수 없는 탓이다.

필리핀에서 절대로 해서는 안 되는 행동은 뭔가요?

ANSWER　필리핀 사람들은 말의 예절을 매우 중요시해 예스맨이라 불리곤 한다. 상대방의 기분이 상할까봐 지키지 못할 것도 예스라고 하는 것이다. 그러므로 거짓말을 잘하는 필리핀인, 약속을 지키지 않는 필리핀인이라고만 생각하지 말고 그들의 문화를 이해해보려는 노력을 해야 할 필요가 있다.

필리핀 사람들이 원하는 것은 말의 예절이고 상대인 자신의 기분을 상하게 않게 하는 것이다. 이런 것이 이루어지지 않으면 모욕을 당했다고 생각하기 쉽다.

멀리 있는 사람을 손가락으로 가리키며 이야기하는 것 또한 피해야 한다. 이런 식의 몸짓은 필리핀에서는 범죄인에게 하는 행위에 속한다. 허리에 양손을 올리는 자세 또한 상대방에게 권위를 나타내는 건방진 행위에 속하므로 가능한 피해야 한다.

또 하나 피해야 할 것은 눈싸움이다. 우리나라 사람들에게 눈싸움은 일종의 기백을 표현하는 것으로 눈싸움을 피하면 겁쟁이로 인식되지만 필리핀에서는 눈싸움을 피하면 싸움을 피하고 좋게 해결했다고 인식한다. 특히 말싸움이 일어날 경우 큰 소리로 이야기하는 것은 정말 삼가야 한다. 우리나라에서는 목소리 큰 사람이 이기는 것이라며 싸울 때 목청껏 소리를 지르지만 필리핀에서는 죽을 죄를 지었다 하더라도 큰 소리로 욕되는 것을 참을 수 없는 모욕으로 여긴다. 자신의 허물을 그곳에 있는 모든 사람에게 광고하는 것이라고 생각하기 때문이다.

필리핀에는 게이들이 많나요?

ANSWER   필리핀 거리를 지날 때 또는 클럽에서, 심지어 학교의 선생님들 중에서도 심심치 않게 게이를 볼 수 있다. 처음에 이들을 대할 때는 한국적인 정서상 거부감이 드는 것이 사실이나 시간이 갈수록 자연스럽게 그들을 이해하게 된다.

필리핀 사람들은 게이를 제3의 성으로 인식하고 서로 거리낌 없이 친구로 대한다. 공중파 방송에서도 해괴망측한 의상을 입고 방송하는 게이들을 볼 수 있고 필리핀 예능 프로그램에서 재능을 보이는 사람 또한 바로 필리핀 게이들이다.

그들은 한국인이 가지고 있는 게이에 관한 불편한 시선을 이해하지 못한다. 아무런 피해를 주지 않는데 왜 불편해하는지 모르겠다며 오히려 의아해한다. 필리핀에서 또 하나 이해해야 되는 덕목 중의 하나가 바로 제3의 성을 가진 사람에 대한 배려임을 잊지 말자.

Part4

필리핀에서의 생활

필리핀에서 사용할 영어 이름은
어떤 것이 좋을까요?

ANSWER 필리핀에서는 영어 이름을 짓더라도 어느 정도 본인을 알릴 수 있는 이름을 준비해가는 것이 좋다. 필자 역시 데이빗이라는 이름을 5년째 쓰고 있지만 기존에 있는 데이빗들로 인해 데이빗3가 된 적도 있다. 몇 가지 영어 이름이 가진 의미를 소개하자면 다음과 같다.

여자 이름	의미	남자 이름	의미
Alice	기품 있는	Andrew	남자다운, 용감한
Amy	사랑받는	Antony	잴수 없을 만큼 큰
Angela	천사와 같은	Benjamin	행운아
Dorothy	신이 보낸 선물	David	사랑받는
Emma	유모, 사랑받는 자	Edward	행복의 옹호자
Helen	빛, 등불	Henry	가장
Lucy	빛	Nicholas	정복자
Naomi	나의 기쁨	Peter	바위
Rebecca	남을 농락하는 여자	Philip	말을 좋아하는
Sabina	덕이 있는 여성	Richard	시골 신사
Sophia	영특한 지혜	Vincent	정복하다

필리핀에서의 소주 가격은 얼마인가요?

ANSWER 필리핀에서의 소주 가격은 한국보다 비싸다. 술집에서 사먹을 경우 150페소에서 200페소, 즉 4000원에서 5000원 정도 한다.

필리핀 사람들도 소주를 좋아하기 때문인지 많은 학생들이 필리핀 친구들과 소주를 즐겨 먹는다. 하지만 한국에서처럼 소주를 먹다가는 생활비에 차질을 빚을 우려가 있으므로 과음하지는 말자. 놀러간 것이 아니라 영어 공부를 하기 위해 갔다면 말이다.

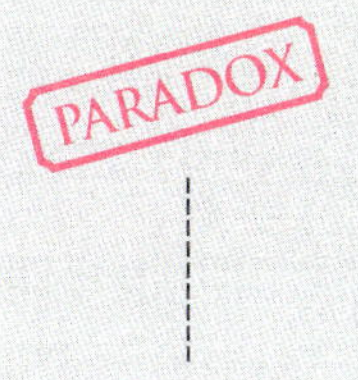

★ 그에 관한 독설 ★

소주를 사들고 오다 경고 받는 학생들

호주나 캐나다에 연계연수로 가는 학생 중에 소주를 사들고 필리핀에 가는 경우가 있다. 소주가 한국에서보다 몇 배나 비싸다는 정보 때문이다.

하지만 학생들이 정작 생각하지 못한 것이 있는데, 그것은 필리핀 어학원들은 기숙사 내로 주류 반입을 금지한다는 사실이다. 기숙사에서 음주를 할 경우 퇴학까지 당할 수 있다. 지금 혹시 캐리어 안에 소주가 있지는 않은가? 그렇다면 당신은 필리핀 어학연수의 기본적인 정보조차 확인하지 않은 것이다.

미용실에서 머리를 손질하는 비용은
어떻게 되나요?

ANSWER　2개월 이상 필리핀에 머무는 경우 머리를 손질하고 싶을 수도 있다. 그렇다면 필리핀에서의 머리 손질 비용은 얼마나 될까? 필리핀인이 운영하는 미용실은 약 50페소 정도면 샴푸까지 서비스를 받을 수 있다. 이에 반해 한국 교민이 운영하는 미용실은 250페소에서 300페소 이상 비용이 든다. 단 최신 유행에 맞는 머리 스타일을 연출할 수 있고 시설이 좋다는 장점이 있다. 개인의 취향에 따라 다르겠지만 나는 미용실 가격을 아껴 그 비용으로 영화 관람이나 식도락 여행을 하는 등 다른 문화 활동을 하곤 했다.

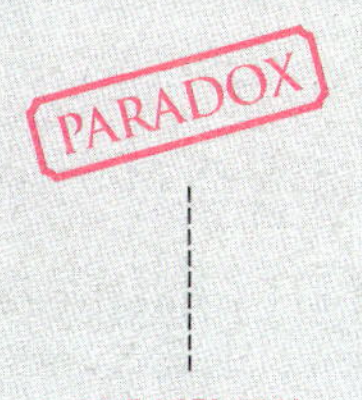

필리핀 물가, 그렇게 비싸지 않다?

많은 학생들이 처음에는 필리핀의 물가가 싸다고 느끼지만 시간이 지날수록 그렇지 않다고 생각한다.

그 이유는 생활 방식 때문이다. 만일 필리핀 사람들처럼 생활을 한다면 분명 물가는 매우 저렴하다. 하지만 현지 미용실을 이용하면 50페소면 될 것을 한국 미용실을 가서 300페소 가까운 돈을 내고, 40페소면 맥주를 먹을 수 있는데 꼭 소주를 먹어야 한다며 150페소를 지출하다 보면 당연히 한국에서 생활하는 것과 비슷한 생활비가 들 수밖에 없다. 이래서는 아무리 물가가 싸도 마찬가지다. 기왕에 필리핀에 갔다면 현지인의 생활 방식대로 사는 것이 생활비도 줄이고 문화도 경험할 수 있는 적절한 방법인 것 같다.

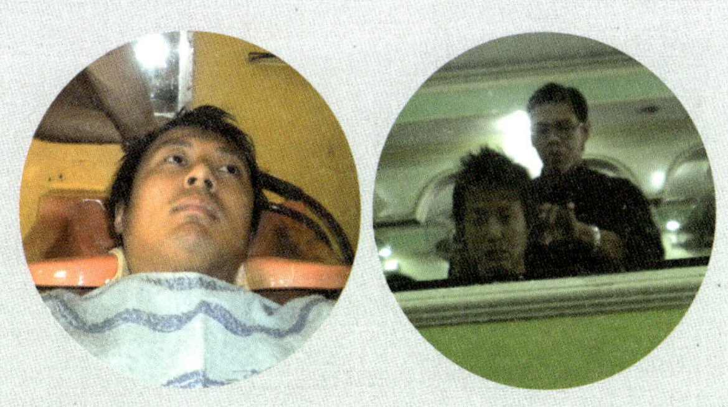

배치메이드가 뭔가요?

ANSWER   배치메이드란 같은 시기에 필리핀 어학원에 입학한 동기생을 말하는데, 필리핀 어학연수를 가는 학생들에게는 가장 중요한 사람이라고 할 수 있다.

다른 나라로 어학연수를 가는 경우 대부분 1년 이상 가기 때문에 학교 과정이 끝나면 서로 흩어지지만, 필리핀 같은 경우는 2개월에서 3개월 코스의 어학연수가 대부분이라서 배치메이드와 항상 같이 지낸다고 생각하면 된다.

배치메이드는 보통 월요일에 만나게 되며 10명 내외다. 큰 어학원은 30명에서 40명에 가까운 배치메이드가 생긴다.

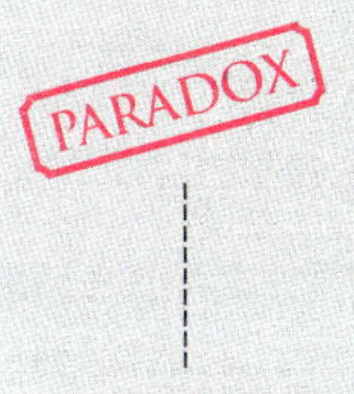

영어 실력을 경쟁하는 배치메이드,
노는 것을 경쟁하는 배치메이드

배치메이드를 잘 만나는 것은 필리핀 어학연수의 성공과 실패를 좌우할 정도로 중요하다. 다들 알다시피 우리나라의 그룹 문화는 그 문화를 따르지 않는 사람은 왕따가 되기 때문에 노는 것을 경쟁하는 배치메이드를 만나면 놀 확률이 높아지고 스터디를 통해 공부 경쟁을 하는 배치메이드를 만나면 덩달아 공부할 확률이 높다.

당신은 어떤 쪽에 속하길 원하는가? '언제 놀아보겠어'라는 생각으로 필리핀에 있지 마라. 필리핀 어학연수를 자양분으로 하여 성공을 한 후 다시 필리핀으로 놀러와야지 어렵게 결심한 어학연수를 물거품으로 만드는 일은 없어야 할 것이다. 당신 또한 분위기를 주도하여 영어 실력을 경쟁하는 배치메이드가 되기를 간절히 바란다.

필리핀에서 여권을 분실했을 경우
어떻게 해야 되나요?

ANSWER　필리핀에서 외출할 때는 되도록 여권을 소지해서는 안 된다.

고액으로 거래되기 때문에 여권을 노리는 사람들이 많다.

일단 여권을 분실했을 경우 어학연수 기간이 많이 남아 있는 상태라면 일반 여권으로 재발급 받으면 된다. 이 경우 따로 한국에 귀국하는 절차를 밟지 않아도 된다.

어학연수 기간이 얼마 남아 있지 않거나 단기 여행코스로 필리핀을 온 경우에도 당황할 필요는 없다. 여행증명서를 발급받은 다음 한국으로 귀국하면 된다.

여권 재발급 절차

❶ 필리핀에서 여권을 재발급 받으려면 주민등록등본을 영사관에 제출해야 한다. 만약을 대비해 필리핀 어학연수를 가기 전에 미리 주민등록등본 몇 장을 소지하도록 하자.

❷ 가까운 경찰서에 가서 분실 증명확인서를 발급받는다. 단 필리핀 경

찰들은 보통의 필리핀 사람들하고는 다르게 비협조적이라는 것을 명
심하자.

❸ 분실 증명확인서를 발급받았다면 여권용 사진 5매를 가지고 대사관
에 가서 여권을 재발급 받으면 된다. 필리핀 현지에서도 여권사진을
찍을 수는 있지만 한국에서 미리 준비할 것을 권한다. 기타 여권 재발
급에 필요한 서류들은 대사관에 비치되어 있다.

❹ 여권 재발급 기간은 보통 2주에서 늦으면 4주 정도 걸린다. 일 처리가
많이 늦는 편이니 조바심 내지 말자.

한국 대사관 주소와 연락처

주소 : 10th Fl. Pacific. Star. Bldg. Makati Ave. 1226 Makati City M.M
Philippines
전화번호 : (63-2) 811-6139, **팩스** : (63-2) 811-6148
이메일 : dipinfom@hiwire.net.ph

영사관 주소와 연락처

주소 : 18th Fl. Pacific. Star. Bldg. Makati Ave. 1226 Makati City M.M
Philippines
전화번호 : (63-2) 811-8260~3, **팩스** : (63-2) 811-8258~9
이메일 : korea33@globe.com.ph

필리핀에서 클럽 비용은 얼마인가요?

ANSWER   필리핀에 있는 클럽은 범죄에 쉽게 노출되는 곳이다. 하지만 필리핀 사람들과 쉽게 어울릴 수 있는 곳이기도 하다. 그렇다면 클럽 이용 비용은 얼마나 될까? 보통의 클럽 입장료는 100페소 이내다. 그 안에는 맥주 1병 값이 포함되어 있다.

두 번 계산되는 일이 없도록 입장할 때 입구 쪽에서 도장을 찍어준다. 주말이면 어학원에 다니는 많은 학생들이 클럽으로 즐기러 나오는 까닭에 한국의 나이트클럽 같은 열기가 느껴지는데, 꽉 짜인 일정 속에서 받았던 스트레스를 춤을 추며 풀어버리고 자연스럽게 사람들과 어울리다 돌아간다고 생각하면 그렇게 나쁜 일만은 아닐 것이다. 다만 그것이 지나쳐 사고를 부르는 일이 있어서는 안 되겠다.

절대로 자신의 정보를 누설하지 마라

필리핀에서 실제로 있었던 일이다. 클럽에서 만난 한 여성과 진한 밀애를 즐긴 한 학생이 있었다. 그런데 그 학생이 얼마 후 귀국 비행기를 타기 위해 공항에 나갔다가 경찰에 붙잡히고 말았다. 필리핀 클럽에서 만났던 여성이 임신을 했다며 신고를 한 것이다.

내막을 들어보니 그 학생과 친해진 그 여성은 자연스럽게 개인 정보를 캐낸 뒤 협박하여 돈을 뜯어내려 했다고 한다. 하지만 그런 내막이야 어떻든 그 학생은 몇 달 동안 한국에 돌아오지 못했다. 그 학생도 문제지만 일부 필리핀 여성들이 그런 식으로 한국 학생들을 노리고 있다는 것을 인지하길 바란다.

필리핀에서의 마사지 가격은 얼마인가요?

ANSWER 필리핀에서 꼭 해봐야 할 일 중의 하나는 전신마사지를 받는 것이다. 한국에서 전신마사지를 받으려면 1시간에 5만 원 이상 들지만, 필리핀에서는 평균적으로 250페소 내외면 충분하다. 우리나라 돈으로 만 원이 채 되지 않는 돈이다. 물론 물가가 비싼 마닐라 지역은 300페소에서 350페소 정도이며, 필리핀 거리를 지나다니다 보면 100페소에서 150페소 정도 하는 곳도 많다.

하지만 너무 싼 곳은 가지 않는 것이 좋다. 정식으로 마사지 자격증을 가진 사람이 하는 것이 아닌, 말 그대로 주무르는 정도의 마사지이며 마사지를 하면서 트림을 하는 등 손님에 대한 배려가 없는 경우도 많다. 150페소에서 350페소 정도에서 마사지를 받아 보길 조언한다.

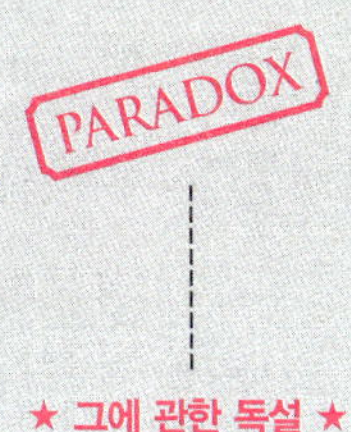

호텔에서 마사지 받고 비싸다고 이야기하는 사람들

필리핀에서의 마사지 비용이 저렴한 것은 분명한 사실이다. 그런데 희한하게도 한국과 비슷한 금액으로 마사지를 받았다는 사람들이 있다. 그 이유는 여행 패키지로 호텔에서 마사지를 받았기 때문이다.

당연히 호텔에서 하는 마사지는 비싸다. 그런 식으로 따지자면 한국 호텔에서 제공하는 마사지는 최소 10만 원이지 않은가. 저렴하게 이용하려면 필리핀 시내로 나오길 바란다. 반의 반도 안 되는 가격으로 모든 것을 즐길 수 있다.

단 팁은 너무 많이 주지 않도록 한다. 20페소 정도가 적당하다. 많이 주는 경우 다음에 오는 사람들이 힘들어지며 오히려 기분 나빠하는 필리핀인도 있다.

필리핀 길거리 음식, 먹어도 괜찮나요?

ANSWER 필리핀 거리를 다니다 보면 침이 고일 만큼 맛있어 보이는 음식들이 많다. 물론 갓 부화된 병아리를 튀긴 것이나 발룻 같은 것을 보면 먹었던 것을 게워내고 싶을 정도지만 말이다.

필리핀 길거리 음식은 위생상 깨끗할까? 사실 장담은 못하겠다. 다만 필리핀에 도착한 후 며칠 정도는 먹지 않기를 바란다. 필리핀에 도착하면 대부분 사람들이 물갈이를 하기 때문이다. 물갈이를 하고 난 다음에는 어느 정도 음식에 적응이 되므로 속을 든든히 한 다음 길거리 음식에 도전하는 것이 좋겠다.

잔돈을 확인하라

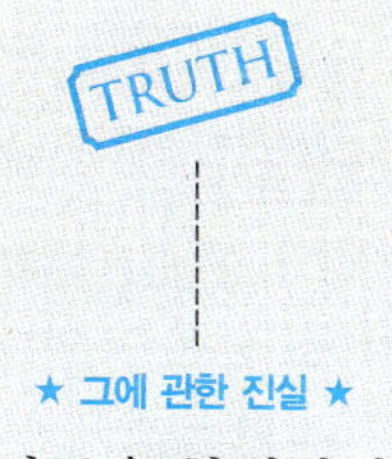

필리핀에서 가장 안 좋은 것 중 하나는 엉터리로 거스름돈을 준다는 것이다. 잘못된 계산이라고 항의를 하면 "I'M SORRY"라고 하면서 다시 거스름돈을 챙겨 주는데, 한두 번 정도야 이해를 한다지만 10의 7 정도가 잘못된 계산을 하니 고의라고 의심할 만하다. 언젠가는 면세점에서 달러로 되어 있는 양주를 페소로 계산해달라고 했더니 0을 하나 더 붙여서 계산하는 것이다. 필리핀 생활을 어느 정도 했기에 망정이지 처음 방문한 관광객이었다면 영락 없이 당할 수밖에 없었을 것이다.

그래서 필리핀에서 계산을 할 때에는 항상 거스름돈이 맞는지 따져봐야 한다. 눈 뜨고 코 베어 가는 필리핀인의 상술에 놀아나지 않으려면 말이다.

현지인이 운영하는 스킨스쿠버는 많이 저렴한가요?

ANSWER 스킨스쿠버는 한번 시작하면 중독이 될 정도로 매력 있는 레포츠다. 나는 물을 싫어해 도전해보지는 않았지만 스노클링을 하는 것만으로도 바다가 주는 아름다움을 느껴본 터라 스킨스쿠버를 하는 사람들이 왜 중독되는지 그 마음을 알 것 같다.

그런데 많은 사람들이 가격 때문에 고민한다. 한국인이 운영하는 스킨스쿠버 샵의 가격이 현지 필리핀인들이 운영하는 곳에 비해 3분의 2 정도 비싸기 때문이다. 하지만 필자는 한국인이 운영하는 곳에서 스킨스쿠버를 배우라고 조언하고 싶다. 스킨스쿠버는 위험한 스포츠이기 때문에 안전 교육이나 기타 규칙을 제대로 습득할 만큼 영어 실력을 가지지 않는 상태에서 탈 경우 큰 사고로 이어질 수 있다.

비용은 보통 교육과 3박 4일 숙박과 식사, 오픈워터 교육 자격증까지 포함해 약 1만 페소 정도면 가능하다. 환율이 25원이라고 할 경우 25만 원에 해당하는 금액이다.

한국인 때문에 바다가 죽어간다?

스킨스쿠버 서비스를 하는 사람에게 있어서 한국인은 최고의 소비자임과 동시에 말썽꾼이다. 많은 한국인들이 스킨스쿠버를 하면서 지켜야 할 안전사항을 무시하는 경우가 많다. 부주의로 인해 생명을 잃은 사람도 생기고 있다.

예를 들어 바다에서 산호는 맨손으로 만지지 않아야 하는데 꼭 맨손으로 만져 산호를 죽이는 사람들이 있다. 그래서 몇 천 년 동안 자연의 아름다움을 보여주던 산호가 한국인 탓에 죽어가고 있다는 말들이 돌고 있다.

이런 일들이 벌어지게 된 이유는 두 가지다. 하나는 안전사항과 규칙들을 제대로 지키지 않았기 때문이고 또 다른 하나는 언어 소통이 제대로 되지 않아 경고를 제대로 알아듣지 못했기 때문이다. 바다의 아름다움을 사랑하는 스포츠를 즐기려면 이런 부분은 스스로가 분명히 알아둘 필요가 있지 않을까!

세계적 자연유산이 한국인에 의해 파괴되는 현실을 이제는 바꿔야 하지 않을까? 세계적 유산 속 한글 낙서가 이제는 보이지 않길 바란다.

필리핀 쇼핑몰 중
가장 저렴한 곳은 어디인가요?

ANSWER   우리나라에서는 보통 쇼핑몰끼리 가격 경쟁을 하기 때문에 대형 쇼핑몰에서 사는 것이 저렴하다. 그렇다면 필리핀에서는 어디에서 사는 것이 가장 저렴할까? 우리나라에서의 논리는 여기에서 적용되지 않는다. 필리핀에서는 전통시장이 가장 저렴하다. 물건의 질도 좋다.

필리핀 과일이 맛있다는 소문은 들어보았을 것이다. 하지만 대형 쇼핑몰에서 구입한 수박 맛을 본 사람이라면 아마 고개를 저을 것이다. 그 정도로 대형 쇼핑몰에서의 과일 품질은 최악이다. 반면 길거리 수박 판매상에게서 사는 수박은 당도가 끝내준다. 가격 또한 대형 쇼핑몰의 2분 1정도밖에 되지 않는다. 과일뿐만이 아니다. 휴대폰 충전카드 같은 경우 전통시장이 10페소에서 20페소 정도 더 저렴하다.

하지만 전통시장은 정확한 정보 없이 혼자 가면 오히려 바가지를 당한다. 필리핀 선생님이나 친한 필리핀인을 대동해서 가거나 어느 정도 시세인지 확인한 후 가격 흥정을 벌일 수 있어야 바가지 요금을 피할 수 있다. 그런 흥정 문화가 있는 곳이 바로 필리핀 전통시장이다. 단 코카콜라 같은 수입품은 대형 쇼핑몰에서 사는 것이 더 저렴하다.

★ 그에 관한 진실 ★

필리핀 사람들은 대형 쇼핑몰에서 쇼핑을 하지 않는다

대부분의 학생들이 대형 쇼핑몰에 가면 저렴하고 품질 좋은 제품을 살 수 있다고 생각한다. 물론 우리나라 돈의 가치를 생각하면 저렴하게 살 수 있는 것이 사실이다. 하지만 필리핀 사람들은 대형 쇼핑몰에서 생활용품을 사지 않는다. 그 이유는 전통시장에 비해 많이 비싸기 때문이다.

대형 쇼핑몰에서는 균일가라고 할 수 있는 제품들을 구매하는 것이 좋다. 코카콜라, C2(필리핀 음료수) 같은 음료수는 전통시장보다 저렴하다. 또 수입상품 같은 경우는 대형 쇼핑몰을 이용해도 괜찮다. 하지만 일반용품은 전통시장에서 구매하는 것이 좋으며 특히 육류나 과일 같은 경우는 전통시장에서 살 것을 강력 추천한다. 망고 같은 과일은 대형 쇼핑몰에서 판매하는 것보다 질 좋은 상품을 반값에 살 수 있다.

전통시장을 갈 때에는, 특히 처음 가는 경우라면 꼭 필리핀 친구를 대동하고 가기를 권한다. 그리고 밤에는 필리핀 사람들도 위험하다고 여길 정도이니 될 수 있으면 가지 않는 것이 좋겠다.

필리핀에는 공항세가 있다는데 얼마인가요?

ANSWER   우리나라와 다르게 필리핀에서는 공항세가 각 지역마다 존재한다. 국제선 같은 경우 마닐라는 750페소, 세부는 550페소의 공항세를 부과한다. 국내선을 타는 경우에도 보통 200페소의 공항세를 부과하며 클락은 150페소, 팔라완(푸에르코 프린세사)은 40페소이다. 공항세가 있는 줄도 모르고 소지했던 페소를 다 쓰다가는 나중에 당황하기 십상이다. 1000페소 정도는 소비하지 않고 가지고 있는 것이 현명하다.

보통 귀국할 때는 짐이 많아 오버차지 요금을 부과하는 경우가 많다. 그러므로 공항 세를 포함하여 1000페소 정도는 수중에 가지고 있는 것이 현명하다.

필리핀에서의 영화 관람료는 얼마인가요?

ANSWER　필리핀 영화관은 매진이라는 것이 없다. 필리핀에 있었을 당시 최고의 인기를 누렸던 '아바타' 마저도 사람이 텅 빈 영화관에서 영화를 봤을 정도다. 그렇다고 영화관 시설이 형편없는 것도 아니다.

필리핀에서 영화를 관람할 때 가장 불편한 점은 영화가 상영되는 동안 사람들이 계속 들락거려 영화에 집중을 할 수 없다는 것이다. 필리핀에는 '하루 영화표' 라는 것이 있는데, 이 표를 사게 되면 해당 영화를 하루 중 어느 때나 볼 수 있다.

계속 보는 것도 가능하다. 검수하는 직원이 손등에 간략한 표식을 해주면 언제든 같은 영화를 볼 수 있다. 그러다 보니 클라이막스 때만 되면 들어와 환호성을 지르는 필리핀인도 보게 되고, 계속해서 들락거리며 별 것 아닌 것에도 웃고 울고 하는 필리핀인도 보게 된다. 조용한 영화 관람은 포기하는 것이 좋을 정도다.

영화 관람료는 3D 영화인 경우 250페소 정도이며, 일반 영화 관람료는 지역에 따라 다르다. 세부나 마닐라 지역은 100페소에서 140페소 정도한다. 물가가 저렴한 일로일로나 바콜로드 지역은 100페소 내외로 영화를 볼 수 있다.

영화표 구매 이벤트로 도넛과 콜라 한 잔 혹은 피자 한 조각을 제공하는 서비스가 자주 있는데 이는 영화 보는 재미를 더해 준다.

길거리 노점상에서 팔리고 있는 최신 영화 DVD.
한산한 극장 내 모습이 이해가 된다.

영화관에 사람이 없는 이유

필리핀 내 극장은 안쓰러울 정도로 한산하다. 영화관이 이렇게 안 되는 이유는 뭘까? 나는 필리핀 사람들의 경제력 때문이라고 생각한다.

사실 필리핀 사람들은 영화와 음악을 사랑하는 사람들이다. 하지만 그들이 영화를 보는 방법은 주로 불법 DVD를 통해서다. 노점상에서 판매되는 영화 DVD는 10페소에서 20페소 이내로 거래된다. 영화 관람료가 100페소인 것을 감안하면 10분의 1밖에 되지 않는 비용이다. 필리핀에서 영화관은 어느 정도 재력이 있는 사람들이나 젊은 연인들이 데이트 장소로 가는 곳이다. 세부 지역의 최저 임금이 일당 267페소인데 100페소의 거금을 들여 영화를 본다는 것은 어떤 의미에서는 사치다.

필리핀인이 즐겨 마시는 음료수는
어떤 것이 있나요?

ANSWER   필리핀에서 많이 마시는 음료수는 코카콜라, 스프라이트, 로얄(우리나라로 치면 환타) 정도로 우리와 크게 다르지 않다. 이 밖에 필리핀에서만 맛볼 수 있는 C2가 있는데, C2는 처음 먹어볼 때는 밋밋하지만 계속 마시다 보면 독특한 맛이 느껴져 은근히 중독된다.

우리가 필리핀 하면 떠올리는 부코주스(코코아 쥬스) 또한 필리핀의 대표적인 음료수다. 거리에서 흔히 볼 수 있는데 한 컵당 5페소에서 10페소 정도 한다. 파는 모습을 보면 위생상 문제가 있지 않을까 하는 생각이 들기도 하지만 무더위를 식히기에는 이만한 것도 없다. 거리에서 파는 것 중 또 눈에 띄는 것은 차우킹에서 가장 인기 있는 할로할로(필리핀식 팥빙수)다. 더위에 지칠 때 흔히 먹는 음료수인데 10페소 정도로 저렴하지만 꼭 불량식품 같아 추천하고 싶지는 않다. 오히려 파인애플 주스, 망고 주스를 고르는 편이 여러모로 유익하다. 과일 가격이 워낙 저렴해 마음껏 먹어도 큰 부담이 되지 않는다.

필리핀에는 냉장고가 흔하지 않기 때문에 차가운 음료수를 마시려면 얼음을 따로 구입해야 한다. 1리터짜리 음료수를 사서 비닐에 나눠 담은 뒤 빨대를 꽂아 마시는 모습은 한국에서는 볼 수 없는 독특한 장면이다. 필리핀에서도 음료수 병에 대한 보증금이 있어 병을 돌려 주면 보증금을 되돌려 받을 수 있다. 그래서 어린 아이들이 빈 병을 수거하는 모습을 심심치 않게 볼 수 있다.

필리핀에서는 박카스와 같은 에너지 드링크의 판매량이 많다. 대표적인 것이 스팅이나 사무라이 등인데, 10페소에서 12페소 정도 한다. 참고로 필리핀에 있는 한인 슈퍼마켓에서 파는 박카스 가격은 35페소이다. 스팅이나 사무라이 맛은 그럭저럭 마실 만하다. 얼마나 효과가 있을지는 미지수이지만 말이다.

필리핀인이 즐겨 마시는 술은
어떤 것이 있나요?

ANSWER　　우리나라 대표 술을 꼽으라면 진로소주를 이야기하듯 필리핀의 대표 술은 산미구엘(맥주)과 탄두아이(럼주)를 들 수 있다.

산미구엘은 우리나라에서는 6000원에서 7000원 정도에 판매되지만 필리핀에서는 30페소, 약 1000원 이내에 살 수 있다. 많이 마실수록 본전 뽑는 것이라고 농담할 정도로 저렴하다.

맥주는 산미구엘 말고도 레드호스가 있는데 산미구엘보다 알코올 도수(7%)가 강하다. 주당들은 산미구엘보다는 레드호스를 선호한다. 가격 또한 산미구엘보다 저렴하다. 필리핀이 워낙 더운 나라이다 보니 맥주를 시키면 얼음도 함께 주므로 시원하게 즐길 수 있다.

럼주 중에는 탄두아이를 많이 마신다. 그러나 스트레이트로 마시는 사람은 거의 없다. 대부분 얼음이나 콜라 또는 마일로, 커피믹스 같은 것을 섞어 언더록으로 마신다. 나는 마일로와 커피믹스를 섞어 만든 일명 보라카이를 가장 좋아한다.

이 외에도 필리핀에서는 많은 럼주가 저렴하게 판매된다. 한국에서는 비싸서 마시지 못했던 술을 저렴하게 대할 수 있다 보니 술을 좋아하는 사람들은 필리핀에 오면 술에 빠져 살기 쉽다. 조심하자.

필리핀에는 어떤 프랜차이즈가 있나요?

ANSWER   필리핀 역시 우리나라와 마찬가지로 많은 프랜차이즈가 있으며, 대표 프랜차이즈로는 졸리비를 들 수 있다. 졸리비는 없는 지역이 없을 정도로 흔하게 볼 수 있는데 외국에도 많이 진출해 있다고 한다. 개인적으로 추천하는 메뉴는 작은 치킨과 콜라, 스파게티가 함께 나오는 세트 메뉴이며 102페소에 구입할 수 있다.

졸리비 다음으로 많은 프랜차이즈는 할로할로를 파는 곳으로 유명한 차우킹이다. 할로할로 말고도 딤섬과 만두 같은 것들을 살 수 있다. 내가 가장 좋아했던 필리핀 프랜차이즈는 망이니샬이다. 필리핀 인기 연예인이 닭다리를 들고 찍은 광고판으로 유명한 프랜차이즈인데 저렴하고 맛이 있다. 게다가 밥을 무제한 제공하기 때문에 배불리 밥을 먹을 수 있어 좋다. 이외에도 치킨 전문 프랜차이즈라 할 수 있는 안독스, 일본 음식 프랜차이즈인 라이라이 켄, 자동차 바퀴 만한 패밀리 사이즈 피자를 1만 원으로 즐길 수 있는 옐로우 캡, 베이커리 전문점 레드리본 등이 있다.

★ 그에 관한 독설 ★

음식만큼은 돈을 아끼지 말자

필리핀에 있으면서 여러 가지 아쉬웠던 기억들이 있지만 그중 하나는 먹는 것에 너무 인색했다는 것이다. 지프니를 타거나 필리핀 사람들이 즐겨 먹는 길거리 음식에는 돈을 아끼지 않았던 것 같은데 우리나라에서는 비싸서 자주 먹지 못했던 음식들을 저렴하게 먹을 수 있었음에도 풍족하게 먹질 못했다.

예를 들어 망고를 들 수 있는데, 필리핀에서는 엄청 저렴하지만 망고를 사먹은 기억이 거의 없다. 와인이나 일본 레스토랑 또한 국내보다 저렴하게 즐길 수 있는데 그러지 못해 지나고 나서 보니 아쉬움이 크다.

다음에 필리핀에 또 가게 되면 이런 부분에 좀 더 신경을 써서 챙겨야겠다.

필리핀에서는 해산물이 많이 저렴한가요?

ANSWER 필리핀에서는 해산물이 매우 저렴하다. 우리나라에서는 20만 원을 줘도 없어서 못 판다는 제주도산 다금바리가 필리핀에서는 라푸라푸(Lapu Lapu)라는 이름으로 300페소 정도면 살 수 있다. 제주도 다금바리를 먹어보지 못해 직접적인 비교는 할 수 없으나 왜 최고의 생선이 되었는지 알 수 있을 만큼 맛이 좋다.

우리나라에서 게를 제대로 먹으려면 개인당 최소 2만 원 이상은 들여야 하지만, 필리핀 전통시장에 가면 300페소 정도에 살 수 있다. 저렴함 그 자체다. 이 밖에 새우, 조개 등의 해산물 역시 우리나라의 절반 가격으로 즐길 수 있다.

필리핀 전통시장은 모든 것이 저렴할까?

필리핀 전통시장에서 파는 물건들은 으레 저렴하려니 생각하겠지만, 관광객이 많아져서 그런지 전통시장 역시 그리 만만한 곳이 아니다. 저울을 속인다든지 가격을 터무니 없이 높게 부르는 등 정직하지 않은 모습이 종종 보인다. 자국민에게는 저렴하게 판매하지만 한번 왔다 지나가는 관광객에게는 가격 폭탄을 내리는 것이다. 심지어는 레스토랑에서 사먹는 것이 저렴할 정도로 비싼 경우도 있다.

그러므로 전통시장에 갈 때에는 현지 사정을 잘 아는 필리핀 사람과 동행하는 것이 상책이다. 또 저울에 재서 판매하는 생물인 경우 물을 넣어 무게를 늘리지는 않는지 살피고 새우 같은 경우에는 마리 수가 어느 정도 되는지 헤아리는 것도 중요하다.

필리핀 고유 음식에는 어떤 것이 있나요?

ANSWER　　필리핀에도 우리나라의 김치처럼 즐겨 먹는 전통 음식이 있다. 바로 드라이피쉬다. 드라이피쉬는 처음 먹는 사람에게는 음식에 소금을 엎은 것처럼 느껴질 만큼 매우 짜다. 하지만 필리핀 사람들은 밥 한 공기 뚝딱 먹을 정도로 좋아한다.

그 다음 즐겨 먹는 것은 시니강이다. 2NE1의 산다라박이 좋아했다 해서 유명세를 탄 시니강은 채소와 해산물을 넣은 국물 요리로 시큼한 맛이 난다.

이 외의 필리핀 음식으로는 장조림과 비슷한 아도보, 가지를 튀겨 만든 에그플랜트, 잡채와 비슷한 빤식이 있다.

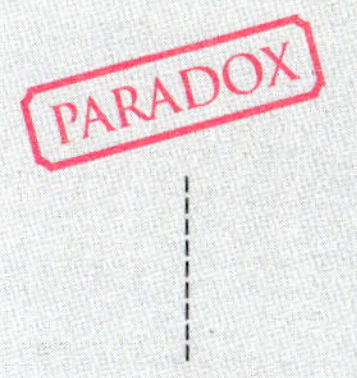

그 나라의 음식 문화를 즐겨라

프랑스 여배우 브리짓 바로도가 개고기를 먹는 한국인을 야만인으로 간주했을 때 우리나라 사람은 분노했다. 그런 한국인이 필리핀의 먹을거리를 보고 그들을 야만인으로 간주하는데 그 대표적인 음식이 발룻이다. 부화되기 바로 전의 달걀을 삶은 것으로 부리와 깃털이 그대로 보이기 때문에 비위가 약한 사람이라면 먹기가 쉽지 않다. 이밖에 돼지껍데기를 튀겨서 만든 치차론, 부화되고 하루 지난 병아리를 튀겨서 파는 음식 등 한국인의 정서에 맞지 않는 음식들이 여럿 있다. 하지만 한국의 개고기를 문화적 특성으로 이해받길 원하듯 그들의 그런 음식 또한 그저 우리와는 다른 음식일 뿐이다. 우리와 다른 음식 문화를 가졌다고 해서 함부로 평가하는 어리석음을 범하진 말아야겠다.

필리핀에서 우체국은 어떻게 이용하나요?

ANSWER   필리핀의 우체국 서비스는 그리 좋지 못하다. 느리기도 하지만 별도의 세금까지 내야 한다. 하지만 그만큼 저렴한 비용으로 이용할 만한 별다른 대안이 없기 때문에 어쩔 수 없이 이용해야 할 때가 있다.

한국에서 필리핀으로 소포를 보낼 때에는 반드시 받는 사람 여권에 있는 영문 이름으로 보내야 한다. 우편물을 찾을 때 우편물에 기재된 이름의 신분증을 보여주어야 하기 때문이다. 또 특별히 받아야 할 물품이 아니라면 보험이 필요한 고가의 물건보다는 일반적인 수준의 물품을 보내는 것이 좋다. 고가의 물건일 경우 필리핀 현지 우체국에서 과다한 세금을 부과하기도 한다. 소포가 도착하면 우체국에서 소포를 찾아 가라는 영수증을 보내준다. 우체국에서 소포를 찾는 금액은 약 30페소 정도이고 무게에 따라서 100페소 이상의 세금을 내는 경우도 있다. 개인적으로 중요한 물건은 필리핀 우체국을 이용하지 않기를 바란다. 우편물 도난사건이 생각보다 많이 일어나고 있으며 말도 안 되는 이유로 한 달 이상 물품을 못 받는 경우도 비일비재하기 때문이다.

유학원과 적절한 관계를 유지하라.

많은 학생들이 어떤 유학원을 선택할 때 서비스가 좋은 곳을 선택할지 아니면 가격이 저렴한 곳을 선택해야 할지 고민한다. 내 개인적인 의견은 자신이 그 유학원에서 어느 정도 위치에 설 수 있는 곳을 선택하라는 것이다.

요즘 유학원들은 현지에서 공부하고 있는 학생들의 글을 원한다. 물건을 살 때 그 물건을 미리 사용해본 사람들의 리뷰를 참고하듯이 어학연수를 원하는 사람들 역시 현지 학원을 경험한 학생들의 글을 참고하기 때문에 유학원들도 그런 소중한 글을 갈구하고 있다.

이런 현실을 잘 이용하면 경제적으로 큰 도움을 받을 수 있다. 특파원이라는 제도를 통해 유학원에서 제공하는 장학금을 받을 수도 있고, 한국에서 받아야 되는 물건을 유학원에 부탁해서 인편으로 받을 수도 있다.

돈을 내고 필리핀 우체국을 이용하느냐 아니면 공짜로 인편을 통해 물건을 배달받느냐 하는 차이는 자신이 경험한 필리핀의 추억을 유학원 카페에 알리고 관계를 유지했느냐 아니냐에 따라 달라지는 것이다. 이것이 필리핀에 도착했더라도 유학원과 적절한 관계를 유지해야 하는 이유다.

필리핀에도 카지노가 있나요?

ANSWER　필리핀의 카지노는 그 어떤 곳보다 위험하다. 필리핀은 각 지역마다 카지노가 하나 정도는 있는데, 어느 곳을 가도 한국인이 붐빈다. 간혹 뉴스를 보다 보면 몇몇 연예인들도 필리핀 원정도박을 즐기다 전 재산을 잃을 만큼 필리핀에서는 카지노가 횡행하고 있다. 유학을 온 학생들도 예외는 아니어서 일단 카지노에 빠지게 되면 모든 것을 잃어버리는 경우가 허다하다.

이 때문에 처벌도 강력하다. 모든 어학원이 카지노에 출입하는 것만으로도 퇴교 조치를 취할 정도다.

카지노, 한국어를 배우는 딜러들

필리핀에서 카지노는 한국인들이 가장 많이 가는 곳 중 하나다. 그렇다 보니 딜러들도 한국어를 배우며 손님을 맞고 있다.

카지노에서 한국 사람들이 가장 많이 하는 것 중의 하나는 박카라라는 게임인데, 필리핀인들이 한국인의 통 큰 배팅에 박수를 보내며 응원하는 모습을 쉽게 볼 수 있다. 마치 드라마 '올인'에 나오는 이병헌처럼 몇백만 원이나 되는 금액을 배팅하는 사람들도 허다하다. 따로 한국인들을 위한 VIP실까지 운영된다.

필리핀 카지노에서 한국인은 최고의 VIP다. 그들은 카지노에서 모든 재산을 탕진하고 다급해지면 급전을 구하는데, 그래서 필리핀 카지노 근처에는 급전을 구할 수 있는 곳이 즐비하다.

카지노. 호기심으로도 가지 마라. 가더라도 인출할 수 있는 카드는 두고 가는 것이 현명하다. 얼마간의 현금을 들고 가서 놀이공원 입장료라 생각하고 쓰고 오는 것이 바람직하다. 돈 벌 생각하지 말고 유희를 즐겼다 생각하면 별 문제가 없다.

필리핀에서의 전염병 걱정되요

ANSWER　　필리핀은 날씨가 덥고 부패가 쉽게 일어나는 곳이라 위생에 각별히 신경을 써야 한다. 여러 가지 전염병이 있지만 가장 많은 사람들이 고통받고 있는 전염병은 뎅기열이다. 뎅기열은 필리핀 풍토병으로 모기에 의해 전염되는 병인데, 특별한 예방법이 있는 것이 아니어서 모기에 물리지 않도록 조심하는 수밖에 없다. 뎅기열에 걸린 뒤 한국에 귀국하면 치료약이 없다. 한국에는 없는 풍토병이다 보니 치료약을 구하기 힘들기 때문이다.

뎅기열은 위생적으로 문제가 있는 곳에서 주로 발생하는데 다행히도 유학생들이 다니는 곳은 위생 상태가 좋기 때문에 좀처럼 걸리지는 않는다. 그래도 방심하지는 말자. 내 경우 필리핀에 있을 때 항시 전기모기향과 스프레이 모기향을 비치하고 모기가 나타나면 즉시 쫓는 것을 생활화했다. 위생에 신경써서 생활한다면 풍토병은 크게 문제가 되지 않는다는 것이 내 생각이다.

여론을 조작하는 사람들

'**필**리핀에 가면 전염병으로 죽을 수 있다' '필리핀에 가면 언제든 총을 맞을 수 있다' 이런 루머들은 필리핀에 대한 과장된 소문들이다. 물론 대한민국만큼 안전하지는 않다. 어쨌든 필리핀은 한국인에게는 낯선 나라가 아닌가?

하지만 이곳도 사람이 사는 곳인 만큼 위험한 사건들이 언제나 발생하는 것은 아니다. 게다가 한국인이 거주하고 공부하는 대부분 지역은 치안이 안정되어 있는 곳이다. 때때로 발생하는 사고는 대개 자신의 부주의한 행동 때문인 경우가 많다.

그렇다면 이런 과장된 소문들은 누가 퍼트리는 것일까? 주로 나라별로 유학을 알선하는 유학원들인 경우가 많다.

미국을 홍보하는 유학원은 다른 나라를 못 믿을 나라라고 선전한다. 호주나 캐나다에 주력하는 유학원은 총기 사고를 이유로 미국을 피하라고 말한다.

요즘은 인터넷을 통해 많은 정보를 쉽게 얻을 수 있다. 단편적으로 들리는 소문에 현혹되기보다는 종합적인 정보들을 찾아 좀더 현명한 판단을 내리기를 바란다.

공중전화는 어떻게 사용하나요?

ANSWER 필리핀에서 공중전화를 사용할 일은 거의 없다. 그러나 급한 일이 발생하여 부득이 이용해야 한다면 통화 품질이 비교적 좋은 것을 골라 이용하도록 하자. 필리핀 전화 회사로는 PLDT, 바얀텔, 디지텔, GLOB, 이스턴 등이 있다.

공중전화기가 없는 지역에는 일반전화를 공중전화 대신 사용할 수 있도록 영업하는 일명 'PAY-PHONE' 이라는 것도 존재한다.

전화를 거는 방법은 한국에서의 방법과 같다. 지역 번호를 누르고 전화번호를 누르면 된다. 지역 번호는 마닐라는 02, 세부는 032, 바기오는 074, 다바오는 082이다. 여기에서 주의할 점은 공중전화 회사가 여러 개라는 점이다. 우리나라처럼 한 개의 회사가 독점하는 방식이 아니기 때문에 공중전화 카드를 구입할 때 주의가 필요하다. 공중전화기와 같은

회사의 카드가 아니면 사용할 수 없기 때문이다. 카드를
구입할 때는 가능하면 필리핀 내에 압도적으로
많은 PLDT 카드를 구입할 것을 권한다. 공중
전화 카드는 길거리 또는 쇼핑센터의 통로
나 입구에서 판매한다. 저렴한 편은 아니지
만 인터넷이 연결되지 않는 지역에서 급한
용무가 있을 때 유용하므로 만약을 위해 준
비해놓는 것이 좋겠다.

필리핀에서 방송되는 채널은
어떤 것이 있나요?

ANSWER 필리핀의 공중파 채널은 모두 6개다. 우리나라의 KBS, MBC 와 같은 대형 방송사로는 GMA, ABS가 있으며, 이밖에 RPN(TV5), ABC, QTV, STUDIO23이 있다. 이중 QTV는 GMA의 자매사이고, STUDIO23 은 ABS의 자매사이다. 이외의 다른 채널은 모두 케이블 채널이다. 필리 핀 방송에서 나오는 언어는 따갈로어다.

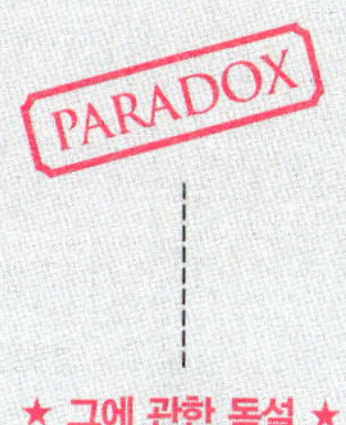

필리핀 홈스테이를 네이티브 홈스테이로 착각하지 마라

호주, 캐나다를 가는 경우에는 되도록 홈스테이를 하는 것이 좋다. 아무래도 영어를 일상적으로 쓸 수 있는 조건이 되기 때문이다. 보통의 경우 9시부터 3시 30분까지 수업을 받고 그 이후 집에 가서 그날 공부했던 영어를 복습하는 차원에서 대화를 하면 영어 공부에 많은 도움이 된다. 이와 같은 맥락으로 필리핀 홈스테이를 생각하는 학생들이 간혹 있다. 하지만 필리핀 사람과 2개월 정도 함께 살아본 내 경험으로 볼 때 그것은 필리핀 현실을 간과한 선택이다.

필리핀 사람들이 영어를 능숙하게 사용하는 것은 사실이나 그들의 모국어는 영어가 아닌 따갈로어다. 필리핀 내 관공서 혹은 교육기관 같은 곳에서는 영어를 공용어로 쓰지만 길거리 상점이나 필리핀인들만 있는 곳에서는 영어를 쓰는 사람이 거의 없다. 그들은 TV 방송을 볼 때도 주로 따갈로어 방송을 본다. 굳이 영어 방송을 보지 않는다. 그러므로 필리핀 홈스테이를 할 요량이라면 영어 공부에 도움을 받을 생각보다는 필리핀 현지 문화를 체험하는 수준으로 생각하는 것이 현명하다.

국내선 비행기 티켓은 어디에서 끊나요?

ANSWER   마닐라, 세부, 클락을 제외한 지역은 따로 국내선 비행기를 타고 가야 된다. 선박을 이용해 도시와 도시를 이동하는 방법도 있지만 피하는 것이 상책이다. 굳이 선박을 타고 싶다면 일로일로에서 바콜로드로 가는 고속 페리 2시간 정도의 경험으로 만족할 것을 권한다. 12시간이 넘는 대개의 선박 여행은 몸과 마음을 고달프게 하기 때문이다.

국내선 비행기 티켓은 SM몰이나 대형 쇼핑몰 안에 있는 여행사 혹은 웨스턴 유니온(WESTERN UNION)이라는 곳에서 살 수 있다.

비행기 티켓은 이모저모 정보를 살펴 가격을 절약하도록 하자. 국내에는 세부퍼시픽이 가장 싼 티켓으로 알려져 있지만 꼭 그렇지 않을 때도 있다. 세부퍼시픽은 프로모션이 아닐 경우 그리 저렴하지 않다. 날짜가 한 달 전이나 그 이상 남은 경우는 프로모션을 통해 싸게 구매할 수 있지만 그렇지 않을 경우 가격을 잘 살피는 것이 중요하다. 세부퍼시픽 말고도 에어필리핀, 필리핀항공 등을 살펴보면 저렴하게 판매되는 티켓을 만날 수 있다. 내 경우 마닐라에서 세부로 이동할 때 에어필리핀을 이용해 1460페소에

티켓을 구매했다. 저렴하다고 소문난 세부퍼시픽은 같은 날 2500페소였다. 그러니 여러 항공사의 비용을 비교해보는 것은 정말 중요하다. 혼자서 정보를 찾기 어렵다면 10퍼센트 정도의 대행료를 지불하고 웨스턴 유니온을 통해 최저가 항공권을 구매하는 것도 좋다. 대행료를 지불해도 이득이기 때문이다.

참고로 마닐라 공항의 경우는 조금 주의가 필요하다. 규모가 크고 터미널이 분리되어 있어 잘 찾아야 한다. 터미널1은 대한항공이나 아시아나항공 등 국제선 항공사가 이용하는 터미널이고, 터미널2는 필리핀항공 전용 공항으로 국제선과 국내선 모두 운항한다. 터미널3은 세부퍼시픽, 에어필리핀, 필리핀항공이 이용하는 곳이다. 마지막으로 국내선 전용 공항이 있는데 필리핀항공과 세부퍼시픽을 제외한 모든 국내선 항공사가 이용한다. 자신이 가야할 터미널을 꼭 확인하여 항공기를 놓치는 불상사가 없도록 해야겠다.

필리핀에서 책은 얼마나 하나요?

ANSWER 의외로 필리핀에서의 책은 굉장히 비싸다. 우리나라 책과 비교해보면 종이질도 형편 없는 수준이지만 가격은 우리나라 책의 1.5배 정도나 된다. 그 때문인지 필리핀에서는 제본소가 발달되어 있다. 책 원본을 불법복제하여 사용하는 것이다.

심지어 학교에서도 복사해 제본한 교재를 사용한다. 책이 비싸 살 수 없으니 복사해 사용하고, 그러다 보니 책이 더 팔리지 않아 책값이 비싸지는 이런 악순환은 저작권 개념이 취약한 사회에서는 아무래도 지속될 수밖에 없다.

혹시 필리핀에서 책을 살 일이 있다면 되도록 중고 책을 사보는 것이 좋다. 중고 책은 대부분 100페소 이내에 살 수 있다. 영어 책을 구입할 때는 본인의 영어 레벨에 맞추어 구입해야 지출을 줄일 수 있다.

유일하게 성공한 회사가 잉크리필 회사다?

필리핀 시장의 특성을 잘 파악하지 못하면 사업에서도 낭패를 보기 쉽다. 대학가 목 좋은 곳에 차려진 스타벅스는 늘 문전성시였다. 하지만 몇 달 만에 망했다. 사람이 바글거리는 쇼핑센터 또한 유동 인구가 많으니 성공할 것이라 생각했는데 겨우 현상 유지다. 왜 그럴까. 그 이유는 필리핀 사람들의 성향 분석을 제대로 하지 않고 겉모습만 보고 사업에 뛰어들었기 때문이다. 스타벅스의 경우 드나드는 사람은 많았지만 자리만 차지할 뿐 주문을 하지 않았다.

쇼핑센터의 많은 상점 또한 울상이기는 마찬가지다. 더위를 피하고 윈도우 쇼핑을 하거나 데이트를 하기 위해 찾아오는 사람은 많지만, 지갑을 열어 구매하는 실질적인 소비자는 적었다. 이런 현실 속에서 유독 성공한 분야가 있다. 잉크 리필 사업이다. 대부분의 책을 복사해서 쓰다 보니 복사기나 프린터의 잉크를 리필하는 산업이 발달한 것이다. 모든 교육기관이 온종일 커다란 복사기를 가지고 제본을 한다. 이마저도 정품 잉크가 아닌 리필 잉크를 사용한다. 불법 복제를 위해 잉크리필 회사가 성공했다는 것은 필리핀의 경제 지도를 단적으로 보여주는 예이다.

귀국할 때 어떤 선물을
준비하는 것이 좋을까요?

ANSWER   귀국할 때의 선물은 아무래도 자신이 있던 나라를 상징하는 대표 상품이 좋다. 필리핀을 대표하는 가장 무난한 선물로는 드라이 망고를 들 수 있다. 필리핀 주류를 대표하는 탄두아이 역시 좋다.

필리핀 각 지역을 상징하는 티셔츠나 세부에 가면 만날 수 있는 수제 기타 등도 좋은 선물이다. 이 외에 수제품으로 만든 목걸이, 귀걸이, 팔찌 등은 여러 사람에게 선물을 주어야 할 경우 구입할 만하다.

필리핀에서 집을 고를 때
주의해야 할 점이 있나요?

ANSWER 필리핀에서 살 집을 고를 때 가장 주의할 점은 상수도 시설이다. 필리핀에서는 폭우와 태풍이 수시로 강타한다. 일단 이런 일이 발생하면 홍수가 난다. 하수도 시설이 좋지 않아 물이 제대로 빠져나가지 못하거나 도시의 구조 자체가 물을 내보내지 못하기 때문이다. 도로는 무릎 높이는 기본으로 잠기고 살림살이들이 둥둥 떠다닌다. 수재민과 사상자가 발생할 수밖에 없는 취약한 도시 구조를 가지고 있는 것이다. 이렇게 물에 잠기다 보면 상수도가 말썽을 부린다. 태풍이 왔다간 뒤 2일 동안이나 물이 안 나온 경우도 있다.

상수도의 이상 유무를 체크하려면 사람들이 물을 가장 많이 쓰는 시간에 수압을 측정해 물이 잘 나오는지 확인한다. 상수도 시설 다음으로 주의해야 할 것은 인근의 소음 문제다. 대부분의 필리핀 집들은 방음이 되지 않는다. 주변에서 닭을 키우기라도 하면 새벽마다 힘겨운 소음을 견뎌야 하는데 여기에 트라이시클 소리마저 더해지면 아마 밤새 잠을 이루지 못하게 될 수도 있다.

필리핀에서의 살 집은 외형만 번지르르한 것을 찾기보다 외부 환경을 잘 판단하는 것이 중요하다.

세부퍼시픽 기내에서 제공하는
음식 가격은 얼마나 되나요?

ANSWER 세부퍼시픽은 요금이 싼 대신 서비스를 기대해서는 안 된다. 기내에서 제공되는 모든 서비스는 현금으로 결제해야 된다. 다음은 세부퍼시픽에서 제공하는 주요 음식과 음료의 가격을 정리해본 것이다.

- 라면 작은 것 : 50~100페소
- 신라면 큰 사발 : 200페소
- 스낵 : 50페소
- 치츠롤 : 80페소
- 소세지&달걀 허브베이글 : 100페소
- 햄&치즈 통밀 크로와상 : 100페소
- 생수 : 50페소
- 캔 소다 : 50페소
- 산미구엘 맥주 : 100페소
- C2(필리핀 음료) : 50페소

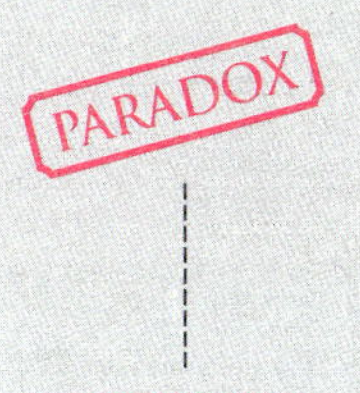

항공권 하나에 한 달 생활비가 달렸다

필리핀에 대해 검색하다 보면 자주 듣게 되는 항공사가 있다. 최저가를 표방하고 프로모션을 통해 갈 경우 왕복 20만 원이 채 되지 않는 금액으로 필리핀행 티켓을 살 수 있는 세부퍼시픽이다. 성수기 기준으로 왕복 비행기 값이 40~50만 원 정도로 저렴하다. 물론 좌석도 불편하고 모든 기내 서비스에 돈을 내야 된다는 단점이 있지만 기내에서 이용하는 서비스라고 해봤자 음료나 식사 정도이므로 조금만 불편을 감수하면 약 30만 원 가까이 절약할 수 있고 이는 필리핀에서의 한 달 생활비에 맞먹는 금액이다.

유학생들은 대개 주머니 사정이 넉넉치 않다. 그래서 택시비가 아까워 지프니를 타고 더워도 에어컨을 켜지 않는 생활을 한다.

항공권에 발품을 팔아 큰 비용을 줄일 수 있다는데 마다할 이유가 있을까?

필리핀에서 계좌 개설을 하려면 어떻게 하나요?

ANSWER 단기간 여행을 가거나 어학연수를 하는 경우에는 굳이 필리핀 은행과 거래할 이유가 없다. 하지만 사업을 하거나 장기간 머무는 경우에는 계좌를 개설하는 것이 좋다. 치안이 불안하기 때문에 수중에 돈이 있는 것은 위험하다. 차라리 은행에 입금하고 필요할 때 현금인출기에서 뽑아 쓰는 것이 안전하다.

필리핀 통장은 보통 달러 통장과 페소 통장으로 나뉜다. 계좌 계설은 현지인인 경우 신분증, 증명사진 2매, 현지 주소, 집 전화번호가 필요하다. 외국인(유학생)은 여권과 증명사진 2장을 가지고 가면 쉽게 개설할 수 있다. 은행카드는 신청한 후 일주일 이내에 발급되는데 신청한 은행에 가서 여권을 보여주고 찾아와야 한다.

필리핀 은행 이용 시 주의해야 할 점은 소액의 금액을 저축하고 이용할 경우 매월 계좌 사용료를 지불해야 된다는 것이다. 따라서 계좌에는 늘 1000페소 이상 있도록 관리를 해야 한다.

BDO

BDO
Fiction
Jeans

BDO

BDO
ight Depository Box

알아두면 좋을 따갈로어 좀 알려 주세요

ANSWER 필리핀 전통시장에는 정가가 없다. 그러므로 협상의 달인이 되어야 된다. 보통 필리핀인들은 자신에게 호의를 베푸는 사람에게 후한 가격을 쳐주는 경우가 많다. 가장 간단하게 호의를 표현하는 방법은 인사말이다. 간략한 인사말과 알아두면 좋을 따갈로어는 다음과 같다.

의미	영어	따갈로어
아침인사	GOOD MORNING	MAGANDANG UMAGA(마간당 우마가)
점심인사	GOOD AFTERNOON	MAGANDAND HAPON(마간당 하뽄)
저녁인사	GOOD EVENING	MAGANDANG GABI(마간당 하비)
감사합니다	THANK YOU	SALAMAT(살라맛)
실례합니다	EXCUSE ME	DINARANDAM KO(디나람담 꼬)
잘 모르겠습니다	I DONT KNOW	HINDI KO NAINTINDIHAN(힌 꼬 나인틴디한)

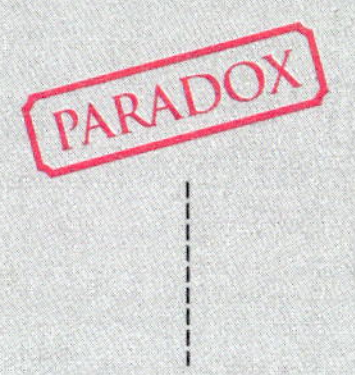

어떤 나라를 방문하더라도
기본적인 어휘는 연습하고 가자

외국인이 서툴지만 한국어로 "안녕하세요" 하며 다가오면 왠지 모르게 정겹다. 우리나라 언어를 배우려고 하는 그 모습이 예뻐 보이고 우리나라에 대해 알고 싶어하는 마음이 느껴지기 때문이다.

필리핀인 또한 자신들에게 호의를 가지고 노력하는 사람에게는 더욱 친절한 모습을 보인다. 그러므로 필리핀의 기본적인 회화 정도는 연습해가는 것이 좋겠다.

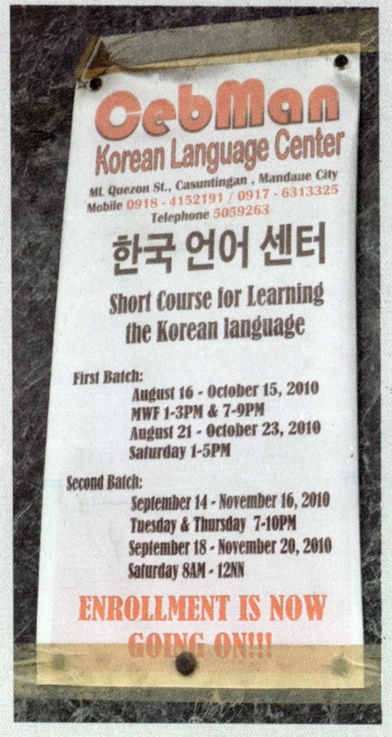

27 SKUNK 277
HOW'S MY DRIVING
CALL 09066619286

Part5

필리핀에서의 고통

필리핀에서 지프니 타는 것은 얼마나 위험한가요?

ANSWER 필리핀을 대표하는 지프니에 대한 필리핀인의 자부심은 대단하다. 그러나 필리핀을 찾은 외국인들은 필리핀인들만이 타는 전유물이라 생각하여 아예 탈 생각조차 하지 않는 경우가 많다. 하지만 지프니를 타는 것은 생각보다 위험하지 않으며 경제적이기까지 하다. 지프니가 위험한 경우는 대부분 밤에 탈 때다. 그것도 값비싼 액세서리로 치장했을 경우에나 범죄의 타깃이 된다. 한국인은 부자라는 인식이 있기 때문이다. 하지만 지프니는 다운타운 구석구석을 운행하는 교통수단으로 우리나라의 마을버스에 가깝기 때문에 사건이 일어나는 경우는 우리나라에서 사고가 일어나는 것과 마찬가지로 매우 드물다. 단 밤에 혼자 타는 것은 위험하므로 주의하자.

★ 그에 관한 진실 ★

일부러 위험하다고 소문내는 어학원들

필리핀 어학연수를 준비하는 사람들이 오리엔테이션에서 공통적으로 듣는 이야기가 있다. 가급적이면 택시를 타라는 이야기다. 지프니에서는 살인사건도 일어나고 강도사건이 즐비하게 일어난다며 겁을 주는 경우도 있다. 그러나 과연 지프니에서 많은 사고가 일어날까?

결론적으로 말하자면 살인사건이 일어나고 강도사건이 일어나는 경우는 극히 드물다는 것이다. 그렇다면 어학원에서는 왜 굳이 과장을 하면서까지 위험하다고 이야기하는 것일가? 그것은 그렇게 이야기하지 않으면 함부로 행동하기 때문이다. 위험하다고 말을 해도 모험심(?) 강한 몇몇 유학생들은 해서는 안 되는 행동을 하고 결국 사건을 일으킨다.

"필리핀이 사고가 많이 나는 위험한 곳이라고 소문이 나지 않았다면 얼마나 많은 사고가 일어날까요?"라고 되묻는 어학원 담당자의 말에 나는 아무 말도 할 수 없었다.

택시 요금은 얼마이며
주의할 사항은 무엇인가요?

ANSWER 필리핀에 도착한 후 한 달 정도는 아마 택시를 주로 탈 것이다. 그렇다면 필리핀 택시 요금은 어느 정도 할까? 기본 요금은 30페소다. 그리고 기본 요금이 지나면 2.5페소씩 올라간다.

다바오에서는 창문이 없는 택시가 간혹 있는데 이 경우 1페소씩 올라간다. 세계의 비경이라 알려진 팔라완에서는 택시 자체가 없다.

택시를 이용할 때 주의해야 할 점은 미터기를 켜는지 살펴보는 것이다. 간혹 미터기를 켜지 않고 나중에 말도 안 되는 가격을 요구하는 경우가 있다. 또한 택시 운전수 대부분이 길을 몰라도 무작정 손님을 태우므로 머리를 갸웃거리면서 '오케이'라고 한다면 되도록 탑승하지 않는 것이 좋다.

기본 요금에서 조금만 더 추가하면 갈 수 있는 거리를 빙빙 돌아 요금을 올리는 경우도 있으니 주의해야 된다. 또한 잔돈은 미리 준비해두는 것이 좋다. 택시기사 대부분이 잔돈은 팁이라고 생각해서 거슬러주지 않는다.

반드시 기억하자. 택시를 타고나서도 도착지에 도착하기까지 정신을 바짝 차려야 하며
될 수 있으면 야심한 시간에는 혼자서 택시를 타지 않아야 한다.

택시가 위험하지 않다?

필리핀에 처음 가는 대부분의 사람들이 위험하다는 이유로 지프니를 타지 않는 대신 택시를 이용한다. 하지만 택시는 과연 위험하지 않을까? 내 경험에 비추어 봤을 때 택시라고 해서 안전한 것은 아니다. 나와 함께 필리핀 유학을 했던 학생이 바로 그런 경우다. 그는 클럽에서 놀다 통금시간 전에 학교에 들어가기 위해 택시를 탔는데, 택시기사가 갑자기 이상한 곳으로 빠졌다. 손님이 어지간히 술이 취했다 생각하여 윤락업소가 있는 곳으로 가는 것이었다. 만약 그 학생이 술에 취해 자고 있었더라면 큰일이 일어날 수도 있는 상황이었다. 다행히 학생은 운전기사에게 가지 않겠다고 정중히 이야기했고, 평소보다 두 배에 가까운 금액을 지불하고 나서야 학교에 올 수 있었다.

이는 야심한 시간에 택시를 타는 경우 많이 발생하는 상황이다. 이때 학생이 욕을 하고 택시기사와 싸웠다면 어떻게 됐을까? 택시기사는 갑자기 휴대폰을 꺼내 따갈로어로 친구들을 불렀을 수 있다. 낯선 곳에 혼자 탑승한 외국인 손님을 자신의 친구들이 있는 곳으로 데리고 가는 것이다. 얼마나 섬뜩한 일인가? 실제로 현지에서 많이 일어나는 사례다.

지프니 요금은 얼마이며
어떻게 타야 되나요?

ANSWER　지프니의 기본 요금은 7페소이다. 그리고 거리에 따라서 1페소가 늘어난다. 세부의 지프니는 우리나라 버스처럼 가는 목적지에 맞는 번호를 골라 타면 되지만 다른 지역의 지프니는 번호가 아닌 정차하는 지역명이 적혀 있어 처음 타는 유학생들은 어떤 것을 타야 할지 혼동될 수 있다.

이럴 때에는 지프니를 많이 타는 곳으로 가서 손님을 도와주는 안내원에게 자신이 가는 곳을 물어보면 된다. 워낙 관광객을 많이 접대하다 보니 길을 가르쳐주는 영어 정도는 손쉽게 한다. 게다가 친절하기까지 하다.

또한 지프니를 탈 때는 뒤쪽에 앉는 것이 좋다. 앞쪽에 앉게 되면 사람들이 내릴 때마다 자리를 비켜주어야 해서 불편하다. 내릴 때에는 동전으로 천장에 있는 쇠 손잡이를 부딪치거나 입술로 휘파람 불어 자신이 내릴 곳을 알리면 된다. 지프니는 일정한 노선은 있지만 따로 정차를 하는 정거장은 없기 때문에 내리겠다고 이야기해야 한다. 즉 자신이 내리고자 하는 곳에서 정확히 내리고자 하는 의사를 밝혀야 내릴 수 있다.

THE RISEN CHRIST
ZAPOTE
ALABANG
ZAPOTE
TXF-261

지프니는 문화체험이다. 경험하라!

필리핀에 간 유학생들의 대부분은 택시를 이용한다. 편하기도 하지만 요금도 한국에서보다 훨씬 저렴하다. 하지만 택시만 이용하다 보면 생활비의 대부분이 택시비에 쓰일 정도다. 많은 유학생들이 지프니 타기를 두려워하는데 그렇게 무서워하지 않아도 된다. 필리핀인의 삶과 가장 밀접한 것이 지프니다. 그것을 경험하지 않는다면 필리핀을 왔다고 말할 수 없을 것이다.

그렇다고 길도 모르는 곳을 지프니 타고 가라는 것은 아니다. 대부분의 지프니들은 유학생들이 자주 가는 대형 쇼핑몰을 경유하는데 그 루트를 어느 정도 알아둔 뒤 지프니를 타면 비용도 절약하고 그 돈으로 필리핀의 다른 문화를 접할 수도 있어 일석이조다. 지프니는 필리핀인들이나 타는 더러운 것이라고 생각하기보다는 문화체험이라 생각하고 경험하길 바란다. 택시 요금의 10분의 1도 안 되는 가격으로 필리핀 곳곳을 갈 수 있으니 얼마나 좋은가.

지프니는 필리핀의 가장 대표적인 교통수단이다.

버스 요금은 얼마이며 어떻게 타야 되나요?

ANSWER   버스는 에어컨이 있는 버스와 없는 버스가 있다. 에어컨이 있는 버스는 외투를 입어야 할 만큼 춥다. 에어컨이 없는 버스는 좌석만 편할 뿐 지프니와 비슷하다. 기본 요금은 에어컨 버스는 10페소이며 에어컨 없는 버스는 5페소다. 승무원이 다가와 승객에 맞는 금액의 영수증을 끊어주고 계산하는데, 중간 지점이 되면 그 영수증을 찢어서 표식을 해놓는다.

별도의 정류장은 없다. 지프니와 마찬가지로 자신이 내리고자 하는 곳에서 세워달라고 말하면 된다.

TAS TRANS

GUD LOVE
ALABANG
METROPOLIS

S-2
Alabang
SLEX
S-1
Alabang
SLEX

트라이시클 요금은 얼마이며
어떻게 타야 되나요?

ANSWER 필리핀은 도시를 제외하고는 택시가 없다. 오토바이나 트라이시클 밖에는 마땅한 교통수단이 없는 것이다. 이럴 때 트라이시클은 중요한 탈거리다. 흥미로운 점은 트라이시클에 우리가 상상하는 그 이상으로 많은 사람들이 탈 수 있다는 것이다. 8명이 탄 적도 있다. 거의 매달려가다시피 간다고 생각하면 된다.

간혹 적은 수의 사람이 타는 경우 그에 맞게 운전수와 가격 흥정을 해야 한다. 보통은 7페소를 기본 요금으로 한다.

트라이시클 운전수끼리 담합하는 현장

필자가 필리핀에 갔을 때 가장 화가 났던 일은 택시를 탈 때와 트라이시클을 탈 때였다. 트라이시클 기본 요금이 얼마인지 뻔히 아는데도 그들은 한국인이라는 이유로 몇십 배에 해당하는 금액을 부르곤 한다. 그 돈을 주면 운이 좋은 것이고 안 주더라도 손해될 것은 없다고 생각하는 것이다. 그러다 보니 가격 때문에 논쟁하는 경우가 많다. 따라서 적은 수의 사람이 트라이시클을 탈 때에는 타기 전에 미리 협상을 해야 되며, 터무니없는 가격을 요구할 때에는 그 자리를 어느 정도 벗어난 지역에서 트라이시클을 타야 한다. 마닐라에서 나는 트라이시클 운전수들이 서로 담합해서 트라이시클 요금을 100페소 이상으로 협의하는 모습을 본 적이 있다. 하지만 그들이 보이지 않는 곳에서 트라이시클을 탔더니 20페소 정도에 갈 수 있었다.

필리핀에서는 달란다고 해서 다 주어서는 안 된다. 필리핀은 모든 것이 흥정에서 시작해서 흥정으로 끝나는 나라라고 해도 과언이 아니다.

마닐라에만 있다는 LRT, MRT는 얼마인가요?

ANSWER   마닐라에서 가장 짜증을 일으키는 것 중의 하나는 단연 택시 기사의 바가지 요금이다. 하지만 LRT나 MRT를 타게 되면 그럴 일이 없다. 기본 요금은 10페소 정도이며 종점에서 종점까지 가는 비용 또한 15페소 정도로 저렴하다. 실내는 에어컨이 항상 가동되어 서늘한 느낌까지 든다. 문제는 여행객이나 이방인의 경우 소매치기를 당할 우려가 크다는 사실인데, 실제로 MRT이나 LRT를 탔다가 소매치기를 당하는 경우를 많이 봤다. 따라서 될 수 있으면 혼자서 타는 것은 지양하고 여러 명이 함께 타거나 필리핀인 친구를 대동하는 것이 바람직하다.

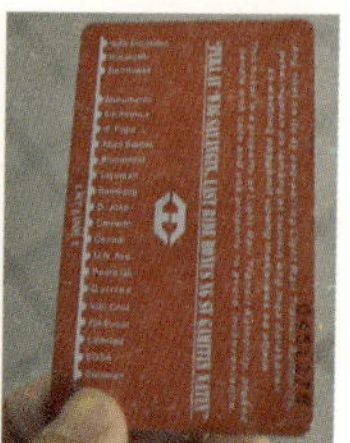

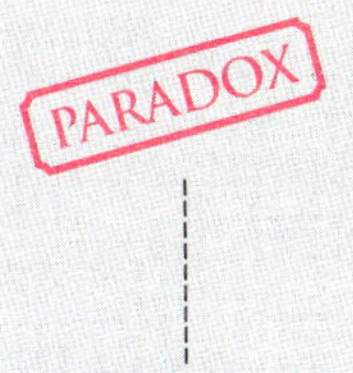

★ 그에 관한 독설 ★

무조건 택시를 타야 된다는 편견을 버려라

마닐라에 거주할 때 생활비에서 가장 많이 차지하는 것은 교통비다. 마닐라는 위험하다는 생각에 택시를 많이 타기 때문인데, 택시마저도 기본 요금이면 갈 곳을 100페소 이상을 줘야 하는 등 바가지 요금에 시달린다. 그러니 되도록이면 택시는 타지 마라. 택시를 고집했다가는 자신이 생각했던 그 이상의 금액을 소진하게 된다.

필리핀의 수도 마닐라는 출근 시간, 퇴근 시간뿐만 아니라 이른 새벽 시간을 제외한 모든 시간이 러시아워다. 택시기사와 협상하지 않더라도 기본 100페소 이상이 든다. 그러므로 위험한 저녁 시간을 제외하고는 지프니 혹은 MRT, LRT를 타도록 하자.

자전거 인력거는 얼마에 탈 수 있나요?

ANSWER　　동남아시아를 배경으로 하는 영화나 드라마를 보면 자전거 인력거에 몸을 싣는 모습을 종종 볼 수 있다. 필리핀에도 많은 자전거 인력거가 존재한다. 나 역시 몇 번 타보았다. 하지만 기념으로 한 번 정도 타보는 것은 좋지만 여러 번 탈 것은 못 되는 것 같다. 특히 무더운 필리핀에서 땀 흘리며 달리는 사람을 생각하면 마음이 그리 편하지 않다. 물론 그들에게는 생계수단이긴 하지만 자전거 인력거를 탈 때면 이상하리만치 마음이 불편하다. 기본 요금은 10페소 정도 되며 혼자 탈 경우 추가 요금을 지불해야 된다. 장거리 이용은 금하는 것이 좋다. 인력거를 모는 주인이 터무니없는 금액을 요구하는 경우가 많다. 필리핀 친구와 함께 기념 삼아 타보는 정도로 만족하기 바란다.

★ 그에 관한 독설 ★

잔돈 없이 자전거 인력거를 타는 한국인들

우리나라에서는 상상도 하지 못할 정도로 저렴한 물가에 환호하면서도 실제 행동은 이를 잘 활용하지 못하는 것 같다. 그 이유는 뭘까? 저렴한 물가를 최대한 활용하려면 페소를 동전으로 들고 다니는 정도의 정성은 필요하다. 대부분의 학생들이 50페소 단위로 혹은 1000페소를 들고 다니면서 쓰는데 환율이 25원이라고 할 경우 1000페소는 25000원에 해당하는 금액으로 우리나라에서는 그리 크지 않은 돈일 수 있으나 필리핀에서는 쇼핑센터에서조차 위조인지 따질 정도로 큰돈이다.

필리핀 서민들이 많이 이용하는 자전거 인력거, 지프니, 오토바이, 트라이시클을 타면서 이런 큰돈을 내민다는 것은 우리나라 길거리 상인에게 10만 원권 수표를 내밀며 콩나물 500원어치를 사는 것과 마찬가지다. 물가에 맞게 작은 동전은 꼭 준비해 다니자.

필리핀에서 오토바이는 타고 다닐 수 있나요?

ANSWER 오토바이 또한 필리핀의 대중적인 이동수단이다. 기본 요금은 보통 10페소에서 20페소 정도다. 필리핀의 주요 여행지들은 지프니를 운영하지 않는 구간이나 트라이시클도 운행하기 비좁은 공간일 경우 오토바이를 탈 수 있도록 하고 있는데 흥정만 잘하면 혼자 탈 수도 있고 아예 오토바이를 구매해 타고 다닐 수도 있다. 하지만 이는 너무 위험한 일이다. 자동차를 타고 다니는 사람들도 차량 안을 볼 수 없게 선탠을 하거나 운전수를 따로 두는 마당에 오토바이는 위험천만하다.

필리핀에는 한국인들을 노리는 필리핀인이 많다. 자동차나 오토바이를 몰고 다닐 정도면 돈이 많을 것이라 짐작한다. 게다가 필리핀 거리는 카트라이더 게임을 연상할 정도로 무질서하다. 한국에서처럼 신호등을 지키는 사람들은 찾아보기 힘들며 무단횡단이 일반화되어 있고 교통 경찰도 거의 보이지 않는다. 그런 필리핀에서 도로사정을 잘 알지 못하는 한국인이 오토바이를 타고 다니는 것은 사파리 공원에 던져진 초식동물이나 다름없다. 절대로 타지 마라.

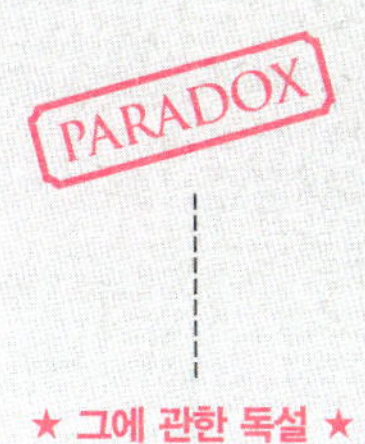

교통비 아끼자고 생명을 담보로 하겠는가

생활비에서 교통비 비중이 높고 택시기사의 바가지 요금이 기승을 부리다 보니 몇몇 학생들은 오토바이를 구입해 타고 다니곤 한다.

필리핀의 중고 오토바이 가격은 2만 페소, 약 50만 원 정도한다. 오토바이 상태도 나쁘지 않아 타고 다닐 만하다. 문제는 그들을 전문적으로 노리는 필리핀인들이 있다는 것이다. 재수가 없어서 범죄의 타깃이 되는 것이 아니라 재수가 있어야 타깃이 안 되는 것이 현실이니 각자 조심하는 수밖에 없다. 게다가 경찰 역시 도움이 되지 못한다. 필리핀인들에게는 관대하고 한국인들에게는 그렇지 않을 뿐만 아니라 어떻게든 돈을 뜯어내려고 생트집을 잡아 벌금을 내게 만드는 경우도 많다.

그러니 오토바이를 직접 몰고 다닐 생각일랑 그만 두라. 참으로 어리석은 짓이다.

벤의 이용 요금은 어떻게 되나요?

ANSWER　다른 이동수단과 달리 벤은 대형 쇼핑몰과 기타 중요 지점에서만 이용할 수 있다. 벤의 이용 요금은 최소 10페소부터 시작된다. 벤이 다른 교통수단과 다른 점은 만석이 될 때까지 기다렸다가 모두가 승차해야 출발한다는 점이다. 일단 타면 어디에서 내리든 요금은 동일하다. 중간에 내린다고 해서 저렴하지 않다. 짐이 많거나 비가 오는 경우에는 벤을 이용하는 것이 상대적으로 유리하다. 마지막 운행하는 벤의 요금은 본래 요금보다 약 10페소 정도 더 내야 한다.

12명 이상의 인원이 이동할 경우에는 조금 웃돈을 주더라도 벤을 이용하는 것이 택시를 타는 것보다 경제적이다. 또 2시간 이내의 리조트로 여행을 가는 경우 전날 벤 운전수와 합의를 보고 출발하도록 하자. 저렴하게 여행을 즐길 수 있는 팁이다.

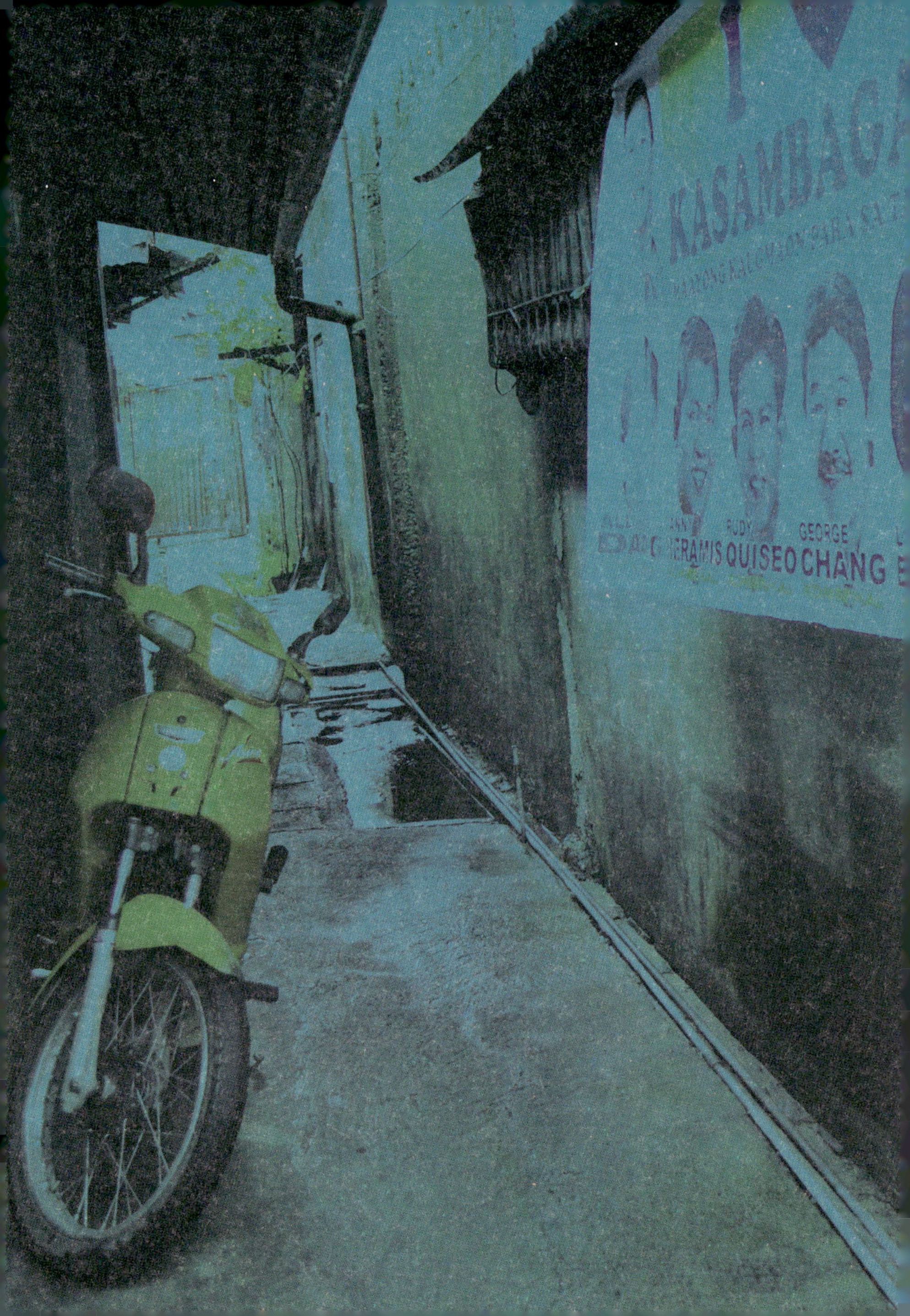
KASAMBAGA
RUDY
QUISEO
GEORGE
CHANG
ERAMIS

Part6

필리핀 주요 지역의 특성

마닐라는 어떤 곳인가요?

ANSWER 필리핀의 수도 마닐라는 국제적인 도시다. 필리핀의 수도답게 정치와 경제, 문화, 종교의 중심지이며 마닐라 대학 등 여러 대학들이 산재해 있다. 마닐라는 필리핀에서 유일하게 10층 이상 건물들이 즐비한 현대적인 도시다. 필리핀 선생님의 자질 또한 좋아서 어학연수 선호 지역으로 꼽힌다. 마닐라에서 대표적으로 가봐야 될 곳은 아시아 최대의 쇼핑몰로 불리는 MALL OF ASIA, 따가이따이, 팍상한 폭포, 스페인 식민지 시절의 양식이 담겨 있는 인트라무로스와 리잘 공원 등이다.

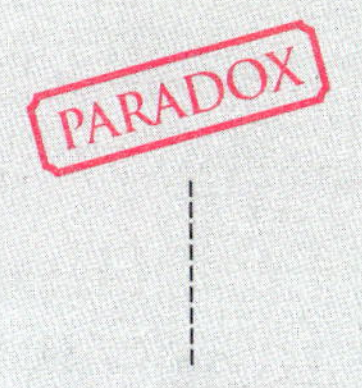

★ 그에 관한 독설 ★

한국인을 봉으로 아는 마닐라의 현실

필리핀에서 한국인을 상대로 범죄가 연이어 벌어지는 것은 참으로 안타까운 일이다. 특히 마닐라는 유독 한국인이 주요 타깃이 되어버렸다. 게다가 한국인에 대한 현지 감정 또한 그리 좋지 못하다.

하지만 이렇게 된 데에는 한국인들에게도 책임이 있다. 많은 한국인들이 필리핀을 영어를 하는 후진국 정도로 생각하고 현지인들을 무시하는 경우가 많다. 게다가 필리핀으로 어학연수를 가는 경우 공부 외에 즐겨야 한다는 생각도 가지고 있어 윤락업소나 카지노에 출입하곤 한다. 마닐라 부근 유흥업소는 한국인이 오지 않으면 운영이 안 될 정도라고 한다. 그러다 보니 필리핀에서의 한국인에 관한 이미지는 날로 떨어지고 있다. 이런 부분은 충분히 반성할 필요가 있다.

세부는 어떤 곳인가요?

cebu

ANSWER 세부는 필리핀에서 가장 오래된 도시이며 아름다운 산호 해변과 세련된 리조트가 산적해 있는 곳이다. 사고다발 지역으로 소문난 마닐라 지역은 계속해서 문을 닫는 어학원 수가 증가하고 있지만 세부의 어학연수 시장은 계속해서 성장하고 있다. 평일에는 공부하고 주말 여가 활동으로 호핑 투어, 아일랜드 투어, 스쿠버 다이빙 등 다양한 활동을 저렴한 가격에 즐길 수 있기 때문이다. 세부에서 가볼 만한 여행지로는 산 페드로 요새, 성 아우구스틴 교회, 마젤란 크로스, 중국 사원이 있으며 세계적으로 유명한 다이빙 지역도 많다. 1박 2일 정도로 다녀올 수 있는 세부 주변의 여행지로는 말라파스쿠아, 나루수안, 카모테스, 보홀 등이 있다.

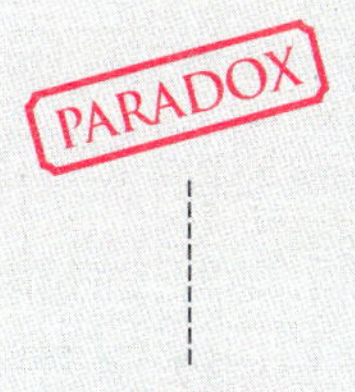

점점 인심이 나빠지는 세부

마닐라가 처음부터 위험했던 것은 아니다. 이는 한국인들의 잘못된 행동에 기인한 바 크다. 그러나 이유야 어쨌든 마닐라를 대체할 만한 도시로 세부가 주목받기 시작했고 그 결과 필리핀 어학연수 시장에서 세부가 차지하는 비중이 절반 이상이 되었다. 그런데 이곳에서도 한국인에 대한 이미지가 점점 안 좋아지고 있다. 특히 세부의 유흥업소들을 중심으로 이런 일이 벌어지고 있는 것을 보면 마닐라의 악순환이 그대로 반복되는 모습이다.

이런 현실을 타개하고자 세부어학협회에서는 학생들의 자율을 통제하는 규칙 서한을 만들기 시작했고, 자체적으로 학생들의 탈선을 막고자 노력하고 있다. 하지만 그런 통제가 잘 먹히지 않는 모양이다.

유학 온 한국인에게만 잘못이 있다고는 이야기할 수 없지만 빌미를 제공하고 있는 것은 분명하다. 외국에 나갈 때에는 국가를 대표한다는 생각으로 에티켓에 맞는 언행을 해야 할 필요가 있다.

바기오는 어떤 곳인가요?

ANSWER 바기오는 마닐라에서 250킬로미터 떨어진 해발 1500미터의 고원 도시다. 필리핀은 사시사철 여름이라는 편견을 깨줄 만큼 연평균 기온이 17.9도에 지나지 않는다. 필리핀 도시 중 유일하게 딸기가 재배되는 지역이다.

도시 안의 유흥문화가 거의 발달하지 않아 그런지 스파르타 교육의 효시가 되었다. 공부가 아니면 할 것이 없을 정도로 분위기가 조용하다.

실제로 바기오에 있는 어학원들은 평일에는 외출을 금지하고 있으며, 외박 역시 특별한 사유가 아니면 나갈 수 없다.

바기오 시내에서 가볼 만한 곳으로는 번함파크, 마인스뷰, 딸기농장 등이 있으며 1박 2일 코스로 갈 수 있는 곳은 리틀 보라카이라 불리는 해변 및 여러 리조트들이다.

바기오 지역 내 주택들을 보면 일본 애니메이션 〈하울의 움직이는 성〉에 나오는 건물이 연상된다. 실제로 미야자키 하야오 감독은 바기오를 모티프로 하여 이 영화를 제작했다고 한다.

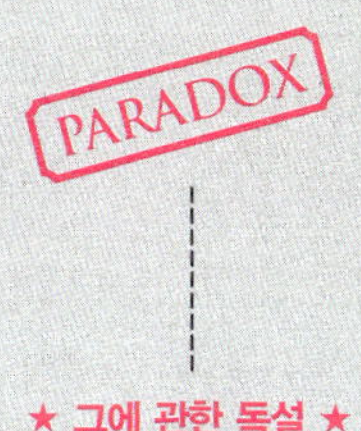

스스로 학습이 안 되는 한국 학생들

"**저**는 누군가 빡세게 잡아주어야 영어 공부를 해요." "다른 나라에서는 영어를 제대로 안 가르쳐주는 것 같아 필리핀에 다시 왔어요."

많은 한국 학생들이 필리핀 어학연수를 결심하면서 하는 말들이다. 필리핀 어학기관에서 영어를 가르치는 프로그램을 보면 상당한 수준이다. 하루 10시간 이상 영어를 하게 하고 그것도 모자라 스파르타식 학습법을 강요한다. 1:1 학습 역시 영어 공부를 강요하는 방법 중 하나다. 영어의 왕초보에게 꼭 맞는 최적의 교육 여건이 제공되는 것이다. 문제는 이런 주입식 교육이 학생들을 수동적으로 만든다는 것이다. 그룹 수업 위주로 자율적인 학습을 통해 영어 공부를 하도록 이끌어주는 다른 나라들과는 달라서 필리핀에서 영어 공부를 하는 경우 단기간에 성과가 보이는 듯하지만 스스로 능동적이 되지 않으면 영어 실력은 금방 제자리걸음이 될 수밖에 없다. 모든 공부가 마찬가지다. 스스로 하겠다는 마음과 의지가 없으면 헛심만 쓰는 것과 같다.

다바오는 어떤 곳인가요?

davao

ANSWER 다바오 지역은 예전부터 이슬람 교도들이 많이 살던 곳이지만, 미국이 통치할 당시 북쪽으로부터 그리스도인들이 이주해온 이후에는 이슬람교와 기독교 간의 분쟁 지역이 되어버렸다. 하지만 분쟁 지역으로 알려진 곳은 사실 다바오에서 많이 떨어진 지역이다. 한국인이 많이 거주하는 다바오 지역은 내가 경험한 도시 중에서도 가장 안전한 지역으로 꼽힌다.

물론 요즘에는 이런 오해가 많이 풀린 덕분인지 골프 유학이나 이민 선호 지역이 되었으며, 영어 연수 또한 활발하게 이루어지고 있다. 다바오 지역은 맹수의 발정제로 쓰이는 과일의 황제 '두리안'의 원산지이기도 하다.

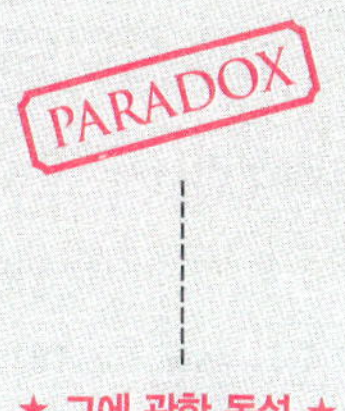

★ 그에 관한 독설 ★

잘못을 했으니 사고가 일어났겠죠

필리핀에서 일어나는 여러 가지 사건들 때문에 필리핀을 두려워하는 사람들이 많다. 하지만 필리핀은 한국에 알려져 있는 것만큼 위험하지 않다. 물론 어느 정도 위험하다는 인식은 가지고 있는 것이 좋지만 말이다.

사실 한국인이 필리핀에서 하는 행동을 다른 나라에 가서도 그대로 한다면, 필리핀에서 일어나는 사고는 세계 어디에서라도 일어날 수 있는 사고들이다. 그만큼 한국인이 행동은 사고의 여지를 주는 부주의한 행동이 많다.

실제로 필리핀에서 한국인들이 당한 사건을 살펴보자. 마약 소지로 인한 갱단의 총기 사고, 도박에 의한 사고, 여러 클럽이나 윤락업소 주변에서 일어나는 사고 등 대부분의 사고들은 유학생하고는 큰 연관성이 없다. 하지만 TV에서 연일 방송되는 보도 내용은 '필리핀은 위험한 지역'이라는 것뿐이다. 물론 총기 사고 같은 경우 우리나라에서는 상상도 못할 일이니 위험하게 느껴질 수 있다. 하지만 그 사건이 일어난 배경이나 인과관계에 대한 보도는 일체 없으니 문제인 것이다.

필리핀에 사는 현지 사람들에게 한국인이 당한 사고에 대해 물어보라. 그들은 대부분 이렇게 대답할 것이다. "잘못을 했으니 사고가 일어났겠죠."

일로일로는 어떤 곳인가요?

ANSWER　일로일로는 필리핀에서 네 번째로 큰 도시로 필리핀 수도 마닐라에서 남쪽으로 약 450킬로미터, 비행기로 약 50분 거리에 위치해 있다. 일로일로는 서부 비사야 지역의 정치·경제·문화·종교·교통의 중심지일 뿐만 아니라 필리핀 최고 명문대학교인 University of the Philippines를 비롯하여 30여 개의 명문 종합대학교 및 전문대학이 있는 명실상부한 교육의 도시다.

다른 지역보다 물가가 낮아 필리핀 휴양지에서 할 수 있는 모든 것을 저렴하게 즐길 수 있다. 게다가 필리핀 어학연수의 가장 큰 취약점이라 할 수 있는 카지노, 환락가 등의 위락시설이 다른 도시와는 다르게 적어 공부에만 집중할 수 있는 분위기가 조성되어 있다. 세계적인 휴양지 보라카이를 주말을 이용해 즐길 수 있는 것도 장점이다.

문제점이 있다면 불법적인 어학원들이 많고 기숙사 생활이 아닌, 따로 숙소를 정하고 튜터를 두어야 하는 경우가 많아 잘 판단하여 선택해야 한다는 것이다.

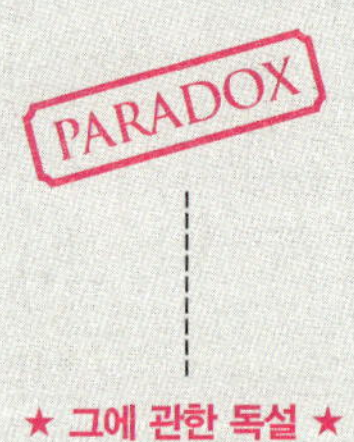

필리핀에 간 목적을 기억하라

필리핀에 가게 되면 일명 독립군이 있다. 독립군이란 따로 숙소를 두고 필리핀 튜터 및 가정부를 두고 사는 것을 말한다. 학교에 다니는 것과 비교해 3분 2 정도의 금액으로 영어 공부를 할 수 있으며, 규율이 있는 학교와는 달리 자유로운 분위기에서 생활할 수 있다. 자질 있는 강사를 고용할 경우 질 좋은 영어를 배울 수 있다는 장점도 있다.

하지만 대부분의 학생에게 그러한 장점은 오래가지 못한다. 초등학교 때부터 공부했던 영어가 어른이 되어서도 안 되는 이유는 영어 교육이 잘못 되어서도, 영어 교사의 질이 나빠서도 아니다. 스스로 하고자 하는 의지가 약해서인 경우가 대부분이다. 필리핀에서의 교육은 양으로 승부하는 경우가 많다. 필리핀 선생님의 질이 점점 나아지고 있다고는 하지만 말하기를 제외한 다른 영역의 영어 교육은 한국이 여전히 더 낫다.

독립군 생활을 해도 열심히 한다면 문제가 되지 않는다. 하지만 한국에서 독하게 영어 공부를 하지 못해 필리핀에 간 사람이 갑자기 공부하는 습관이 바뀔리는 없지 않은가.

다음의 계획서는 영어 공부를 목표로 한 어느 직장인의 계획서다.

❶ 하루에 새로운 영단어 20개 찾기

❷ 문법공부 1시간 이상

❸ 일어나자마자 하루 계획을 영어로 작성하기

❹ 차에서 영어 듣기 공부하기

❺ 7시에 일어나기

❻ 영어로 일기쓰기

❼ 컴퓨터 하루에 1시간 이상하지 않기

❽ 영어 동화 1권씩 읽기

❾ 12시에 잠들기

이 정도 계획성을 가지고 영어 공부를 하고 있는가? 이런 계획을 가지고 실천하는 사람이라면 어딜 가도 성공한다. 하지만 필리핀에 가면 영어 실력이 금방 늘어날 것이라는 환상만 가지고 있는 사람에게는 그 어떤 기대도 채우지 못할 것이다.

'NO PAIN, NO GAIN'

바콜로드는 어떤 곳인가요?

 bacolod

ANSWER 바콜로드는 필리핀에서 일곱 번째로 큰 네그로스섬의 북서쪽 해안 평원에 위치한 도시이며, 네그로스 옥시덴탈 주의 수도이기도 하다. 다른 도시와 비교했을 때 물가가 현저하게 저렴하며 필리핀은 공기가 좋지 않다는 편견을 깨줄 정도로 공기가 깨끗하다. 특히 한국인이 많지 않은 지역이라 그런지 한국인에 관한 이미지가 굉장히 호의적이며 친절하기까지 하다.

마닐라에서 출발하는 바콜로드행 비행기는 1시간 정도 소요되며, 일로일로에서 바콜로드로 올 경우 고속페리를 타면 2시간 안에 도착할 수 있다.

바콜로드의 기후는 12월부터 5월까지는 온화하고, 6월부터 11월까지는 비가 많이 오는 우기다.

바콜로드에서 가볼 만한 곳으로는 산에 위치한 맘부칼 리조트와 보라카이만큼 깨끗하고 포카리스웨트 바다색을 볼 수 있는 라카원 비치가 있다.

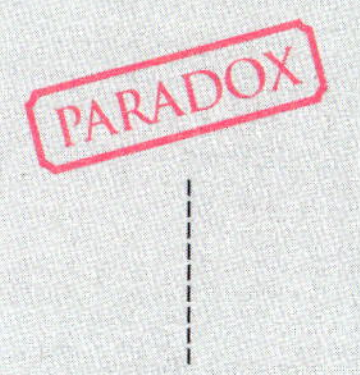

바콜로드는 인심이 좋다?

바콜로드는 인심이 좋다. 하지만 바콜로드라는 지역 자체를 모르는 한국인이 태반이다. 서서히 성장하고 있기는 하지만 필리핀 어학연수 시장에서 바콜로드가 차지하는 비중은 아직 작다. 이는 바콜로드 어학원의 질이 떨어져서가 아니라 한국 학생들이 국내선 타는 것을 두려워하여 잘 알려지지 않았기 때문이다. 어떤 사람들은 바콜로드 물가가 다른 도시에 비해 저렴한 이유가 한국인들이 많지 않아서라고 말하기도 한다. 돈으로 모든 것을 해결하려는 한국인의 모습이 없기 때문에 이른바 한국인 물가가 형성되지 않았다는 것이다. 그래서 한국인들이 점점 몰리게 되면 지금과는 다른 바콜로드가 될까 봐 걱정하는 목소리도 있다. 결국 사람이 문제인 모양이다.

수빅은 어떤 곳인가요?

ANSWER 필리핀 마닐라에서 북서쪽으로 110킬로미터 거리에 위치한 수빅은 연중 평균 기온이 26도로 우리나라 초여름 날씨와 비슷하다. 환경 다큐멘터리 전문 채널인 디스커버리 방송의 단골 촬영지라고 할 정도로 필리핀을 대표하는 레저 지역이며 관광을 즐기기에 최적의 요건을 갖춘 곳이다. 특히 전 세계 대통령들을 위한 별장을 만들어 클린턴, 김영삼 대통령 등 이곳을 다녀간 각국 정상들로부터 '동양의 캘리포니아' 라는 칭송을 듣기도 했다. 또한 수빅은 거의 100여 년 동안 미국 해군기지로 사용되었기 때문에 필리핀에서도 최고로 안전한 도시로 손꼽힌다. 각종 놀이시설과 유흥문화의 모든 것을 갖추고 있으며 수빅베이를 사이에 두고 통행증이 없는 필리핀인은 출입이 금지되어 있다.

따갈로어를 배우는 사람들

수빅은 말도 많고 탈도 많은 도시다. 여러 고발 프로그램에서 다루어질 정도로 한국인과 관련된 사고가 많이 나는 지역이며 필리핀인과 한국인과의 갈등이 최고조다. 그 이유는 수빅베이를 사이에 두고 갈라진 빈부의 차이 때문이다. 수빅베이 안은 미국의 한 도시를 옮겨 놓은 듯 잘 정비되어 있다. 하지만 수빅베이 바깥으로는 관광객의 옷깃을 잡고 구걸 행위를 하는 어린 아이들과 윤락 여성들이 즐비하다. 이들은 한국인을 그저 돈 많고 쉽게 돈을 우려낼 수 있는 봉쯤으로 인식한다.

이 때문에 교민들 사이에는 따갈로어를 배우는 열기가 뜨겁다. 속지 않기 위해 배우는 것이다. 이런 현상은 한편으로는 긍정적이다. 현지 문화를 이해하고 이들에 대한 이해 없이 시작한 이민 생활에 대한 반작용이기 때문이다. 하지만 이런 현상이 이곳에 정착하거나 관광한 1세대 사람들의 모습에서 비롯된 것이라고 생각하면 한편 씁쓸하기도 하다.

클락은 어떤 곳인가요?

ANSWER   클락은 옛 미공군 기지의 이름이다. 1991년도에 미군이 철수하고 지금은 필리핀 경제 특구로 지정되어 외국인의 개발·투자 등을 유치하는 도시이기도 하다. 클락에 가는 방법으로는 마닐라에서 버스를 타고 2시간 정도 가는 방법, 마닐라에서 국내선을 이용해 가는 방법, 인천에서 직항으로 가는 방법이 있다.

필리핀 경제 특구 지역이다 보니 조용하며 필리핀에서 가장 안전한 지역으로 꼽힌다. 단 유흥시설이 많아 물가가 비싼 편이다.

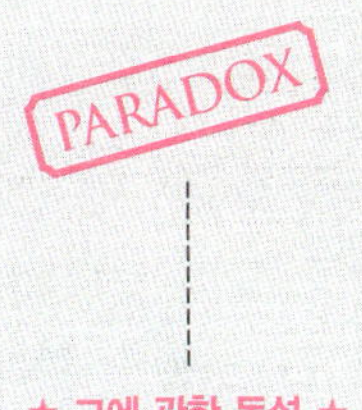

★ 그에 관한 독설 ★

총알이 비싸 그나마 살인이 없다?

예전에는 수빅 지역에서 많은 사고가 일어났다. 하지만 요즘 뉴스를 보면 클락 앙길레스 시티에서 일어난 사고가 많이 언급된다. 그 이유는 필리핀에서 가장 큰 집장촌을 형성하고 있는 곳이 앙길레스 시티이기 때문이다. 우연의 일치일까? 나 역시 그곳을 지나면서 한국어를 사용하며 관광객을 유혹하는 윤락 여성의 모습을 종종 발견하곤 했다.

앙길레스 시티에서 사고가 나는 대부분은 살인사건, 즉 전문 킬러를 고용해서 살인하는 경우가 대부분이다. 자존심이 센 필리핀 사람들이 무시를 당해 킬러를 고용하여 살인을 한 것이라는데, 주로 한국인이 많아 걱정이다. 우스갯소리로 총은 있지만 총알이 비싸서 살인사건이 그리 많이 일어나지 않는다는 말이 있다. 필리핀에 갈 사람들이라면 그저 단순히 웃고 넘어갈 말은 아닌 듯하다.

팔라완은 어떤 곳인가요?

ANSWER 팔라완은 1769개의 섬으로 이루어진 필리핀 내 최후의 미개척지다. 열대성 식물과 동물의 이상적인 서식지로 열대성 식물 및 산호들이 자연 보존되어 있다. 유네스코 문화유산지로 선정된 생폴 지하강 국립공원, 악어농장 인스티튜드 등 자연이 주는 아름다움을 간직한 곳이기도 하다. 팔라완으로 가려면 마닐라 또는 세부에서 국내선을 타고 이동해야 한다. 국내선은 푸에르토 프린세사(Puerto Princesa) 공항에서 탈 수 있다. 팔라완에는 택시가 없다. 따라서 이동을 하려면 트라이시클, 지프니, 버스를 이용해야 한다. 한국인 역시 많이 상주해 있지 않아 인심이 좋다. 한국 음식점 또한 찾아보기 힘들다.

왜 팔라완에 단란주점이 생기기 시작할까?

팔라완은 한국인 수가 100명이 채 되지 않는 지역이다. 그러다 보니 한국인을 많이 접하지 않는 필리핀인들에게 한국인은 연예인처럼 인식된다. 실제 전통시장을 가보면 마치 연예인이라도 본 듯한 표정으로 한국인을 쳐다본다.

필리핀인의 친절함을 가장 잘 느낄 수 있는 곳으로 팔라완을 꼽는 데 이견이 없다. 하지만 이는 한국인을 접하지 않아서다.

필리핀 어학연수가 조금씩 대두되면서 마닐라와 세부를 대항해 한국인이 없는 지역에 어학원들이 오픈하고 있는데, 팔라완 역시 예외가 아니다.

그러다 보니 팔라완을 방문하는 한국인의 수가 점점 증가하고 있다. 때문인지는 모르겠지만 유네스코가 지정한 자연의 도시라 일컬어지는 팔라완에 단란주점 같은 곳이 생겨나고 있다. 이 상황을 어떻게 해석해야 할까? 자연스럽게 사람이 몰려서 생긴 것일까? 아니면 한국인이 많아지면서 생겨나는 현상일까? 이에 대한 해답은 읽는 이에게 맡기겠다.

Part 7

어학연수 체험담

내가 경험한 필리핀

팔라완, 그 미완의 섬에서의 어학연수

하기호

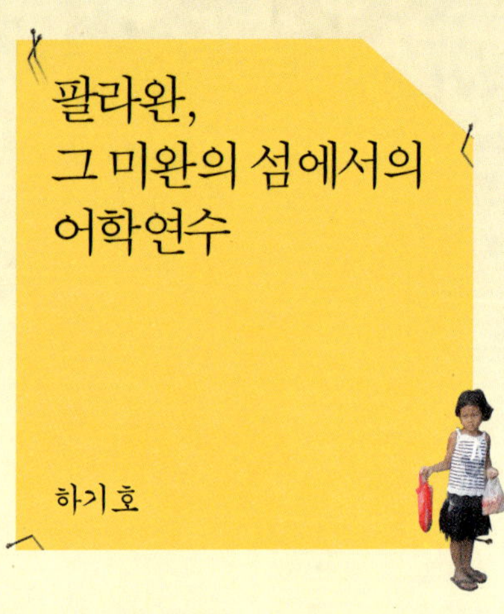

● 제 나이 29세! 적은 나이는 아닙니다. 하지만 어학연수를 결심한 것은 지금 생각해도 잘 했다고 생각하며, 평생 간직할 만한 추억을 만들었다는 점에서 행복합니다. 제가 선택한 곳은 팔라완입니다. 어학원도 한 곳밖에 없고 외딴 곳이라 공부하기엔 더 없이 좋다고 생각했죠.

마닐라나 세부 이런 유명한 곳은 유혹에 빠지기 쉬워 뒤늦게 가는 상황에서 피하는 것이 좋다고 생각했습니다. 팔라완은 시민들이 매우 순박하고 친절한 곳입니다. 모든 것이 낯설기만 한 저를 따뜻하게 반겨주어 많은 위안이 되었고 안심할 수 있었습니다.

어학원은 시내에서 상당히 멀리 떨어져 있었습니다. 차를 타고 1시간 30분을 쉴 새 없이 달려야만 도착할 수 있었지요.

첫날은 휴식을 취하고 둘째 날부터 매니저와 상담하여 시간표를 짜고 그 스케줄대로 수업이 진행되었습니다. 스파르타식 어학원이었기 때문에 하루 10시간 수업이 있었고 그중 8시간이 1 : 1 수업이었습니다. 1 : 1 수업과 그룹 수업은 서로의 장단점이 있지만 저는 1 : 1 수업이 더 좋았습니다. 1 : 1 수업은 필리핀 선생님과 편안하게 대화를 할 수 있었고 궁금했던 문장을 물어보기도 수월했습니다. 또 어학원의 특성상 선생님들이 학원에서 함께 지냈기 때문에 친분을 쌓을 수 있어 영어에 대한 두려움이 많이 사라졌습니다.

물론 그룹 수업에서도 선생님과의 친분이나 학생들과의 관계를 다질 수 있었고 다른 학생이 어떻게 영어를 구사하는지 보고 배울 수 있어 좋았습니다. 평일에는 10시간씩 혹은 8시간씩 열심히 수업을 듣고 주말에는 선생님들과 시내의 유명한 곳도 찾아가고 친구들과 여행도 다니며 너무나도 즐겁게 생활했습니다.

팔라완의 가장 큰 강점은 한국에서는 돈을 많이 들어야 갈 수 있는 신혼 여행지들을 저렴한 값에 갈 수 있다는 것입니다. 필리핀에서는 한국인의 이미지가 안 좋다는 인식과는 달리, 한국인이라는 것 하나만으로 환영해주는 팔라완 주민들을 보면서 전 이곳을 선택한 것을 후회하지 않습니다.

지금도 팔라완 어학원에서 만난 친구들과 선생님들과 연락을 하고 있고 호주 생활에도 많은 도움이 되고 있습니다. 필리핀에서의 생활을 짧게 줄여 쓴다는 게 참 힘든 일인 것 같습니다.

저에게 평생 남을 경험과 추억들을 남겨주고 영어에 대한 두려움을 없애준 팔라완에서의 어학연수. 정말 많은 것을 얻어왔고 좋은 사람들과 함께한 추억이 생각나 이 글을 쓰면서도 지긋이 웃음이 납니다. 물론 팔라완을 선택한 사람들이 모두 다 좋았던 것은 아닐 것입니다. 하지만 선택한 것에 대해서는 집중의 힘을 발휘하라는 말처럼 저는 제가 선택한 팔라완 어학원에 대해서 장점을 찾고자 노력했고, 그 덕분인지 모르지만 팔라완에서의 생활은 제 인생에서 최고의 추억으로 자리매김하였습니다.

팔라완이 외딴 섬이라고는 해도 유흥시설이 없는 것은 아닙니다. 본인 스스로의 마음다짐과 처음에 세웠던 목표를 그대로 이어간다면 어디를 가든 좋은 어학연수가 될 수 있다고 생각합니다.

|||| 팔라완의 가장 큰 강점은 한국에서는 돈을 많이 들어야 갈 수 있는 신혼 여행지들을 저렴한 값에 갈 수 있다는 것입니다. 필리핀에서 한국인의 이미지가 안 좋다는 인식과는 달리, 한국인이라는 것 하나만으로 환영해주는 팔라완 주민들을 보면서 전 이곳을 선택한 것을 후회하지 않습니다.

본인의 의지를 가지고 도전하라!

김은영

필리핀. 서른 마지막 자락에 호주 워킹을 결정한 나에게 필리핀은 도움을 준 나라이자 각별한 애정을 가지게 된 나라다. 늦은 나이에 출발을 하다 보니, 어린 친구들처럼 무턱대고 도전할 용기가 나지 않았다. 그래서 선택하게 된 곳이 필리핀이다.

필리핀으로 출발하기 전에 커뮤니티 사이트에서 '호주 현지 영어가 좋다', '필리핀 영어가 좋다' 하는 논쟁의 글을 본 적이 있다. 그들의 논지에 따르자면 필리핀과 호주 발음은 큰 차이가 있으며 필리핀 튜터들의 퀄리티가 떨어진다는 주장이다. 그리고 제일 중요한 것은 필리핀은 먹고 놀기 좋은 나라이기 때문에 유흥에 쉽게 노출되어 공부할 수 있는 여건이 되지 않는다는 것이다. 직접 경험해보니 이 주장들이 모두 틀린 것은 아니었다. 하지만 이런 논쟁보다는 호주에서든 필리핀에서든 그 상황에서 어떻게 노력하고 살아남느냐가 중요한 것이라는 걸 더 실감할 수 있었다.

나는 필리핀 세부로 3개월 동안 연수를 다녀왔다. 내가 다녀온 학원은 세미 스파르타식 학원으로 새벽 6시 40분부터 밤 9시까지 수업이 구성되어 있었고, 1 : 1 수업과 1 : 4 그룹 수업은 필수로 참석하되 나머지 스페셜 수업은 자율적으로 참석하는 방식으로 되어 있는 곳이었다. 1 : 1 수업은 두 개로 구성되어 있는데, 하나는 스피킹과 리스닝에 집중한 수업을 하고 나머지 하나는 리딩과 라이팅에 집중한 수업을 했다. 1 : 4 그룹 수업은 4명의 학생이 함께 공부하며 1 : 1수업에서 배운 스킬들을 실전처럼 연습하는 시간이다. 나머지 스페셜 수업은 CNN뉴스, 영화, 시트콤 등 다양한 커리큘럼을 갖고 있었다.

처음에는 새벽부터 수업에 참석하는 것이 힘들고, 날씨도 덥고, 음식이 맞지 않아 애를 먹었다. 하지만 어렵게 모은 돈으로 어학연수를 온 것이라 돈이 아까워서라도 수업은 3개월 내내 빼먹지 않고 참석하였다. 게다가 운 좋게도 좋은 튜터들을 배정받아 무난하게 3개월을 보냈다(간혹 튜터들과 잘 맞지 않아 튜터를 여러 번 바꾸거나 나중에는 결석을 하는 학생들도 있다).

튜터들의 퀄리티가 떨어진다는 일부 주장과는 달리, 필리핀 어학원들은 대졸 이상자만 튜터로 채용하고 있으며 그중에서도 명문학과로 불리는 간호과 출신의 튜터들이 대다수였다.

게다가 한국 학생을 교수한 경험이 풍부하다 보니, 한국인 특유의 발음 교정이라든지 문법 체크 등 나에게 부족한 맞춤식 수업을 받을 수 있어 좋았다. 이런 수업 과정을 3개월간 받다 보니 영어 실력이 자연스럽게 향상되었고 튜터들과도 진솔한 대화를 나누며 교감할 수 있는 친구가 되어 있었다.

한국에서는 외국인과 단 한 번도 대화를 나눈 적 없는 내가 영어로 대화를 나누게 되었다는 것은 엄청난 변화다. 이러한 자신감으로 호주에 도착해서도 잘하는 영어는 아니지만 학원 한 번 다니지 않고 일을하며 잘 지내고 있다.

필리핀으로 연수가기를 원하는 친구들에게 당당하게 조언한다. 필리핀은 놀기 좋고 즐기기 좋은 휴양의 나라다. 하지만 호주나 다른 영어권의 나라에 비해 저렴한 비용으로 영어 공부를 하고 싶은 학생에게도 적합한 나라다.

중요한 것은 본인의 의지다. 필리핀에 도착해서 분위기에 휩쓸리지 않고 공부할 땐 공부하고 놀 땐 놀 수 있는 강단이 있어야 한다. 영어 공부도 하면서 머리도 식힐 수 있는 휴양지가 바로 필리핀이다. 얼마나 좋은 나라인가? 잘 해낼 수 있다는 용기가 있다면 떠나보자. 필리핀으로!

IIIII 튜터들의 퀄리티가 떨어진다는 일부 주장과는 달리, 필리핀 어학원들은 대졸 이상자만 튜터로 채용하고 있으며 그중에서도 명문학과로 불리는 간호과 출신의 튜터들이 대다수였다.

다바오에서 바라본 필리핀의 시선

한아름

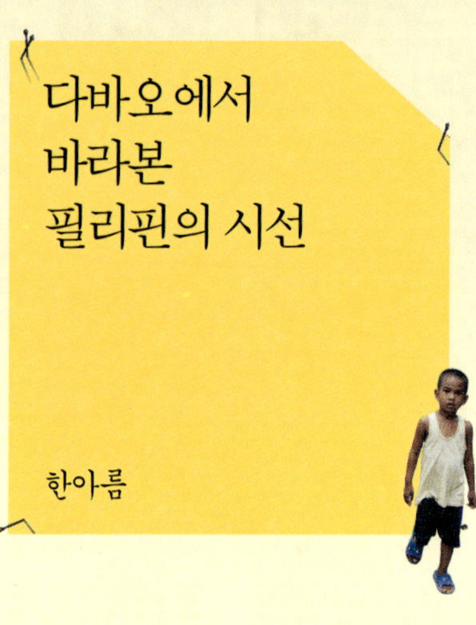

처음 필리핀 어학연수 계획을 위해 여러 지역을 알아보던 중 다바오 시티를 알게 되었고, 다바오가 속한 민다나오 섬이 민족적 분쟁으로 테러가 발생한다는 것을 알게 되었다. 하지만 어학원이 있는 위치는 분쟁 지역과는 꽤 먼 곳이고 필리핀의 다른 지역 또한 안전상으로는 비슷할 것이란 생각에 다바오의 낮은 물가와 쾌적한 자연환경 등 여러 장점을 보고 어학연수를 결정하게 되었다. 그렇게 다바오로 어학연수를 결정하고 다바오 공항을 나왔을 때 '와, 생각보다 좋은데?' 라고 생각한 것 같다. 한국의 공항과는 비교할 수 없지만 공항도 그리 낡지 않았고 파란 하늘과 도시 전체가 생각보다 깔끔하단 생각을 했다.

필리핀 어학연수의 걱정거리 중 하나는 날씨가 아닌가 싶다. 열대기후에 속하는 나라지만, 나는 11월에 가서 그런지 그리 덥지 않은 날씨라 좋았다. 그래서 학원에서 생활할 때도 긴 바지를 입었고, 때때로 긴 팔을 입기도 했다. 방에서도 에어컨 없이 선풍기 하나로 생활했다. 쨍쨍한 날씨에도 갑자기 소나기가 내릴 때가 있는데, 현지 선생님의 말에 의하면 낮동안 날씨가 너무 맑으면 밤에 비가 쏟아진다고 했다. 이렇게 비가 내리면 기온이 뚝 떨어져 더 시원해졌다.

날씨가 덥지 않아 잠자리 또한 편했던 것 같다. 방안에 도마뱀이 같이 살고 있어 처음에는 기겁을 하고 놀라게 되지만, 며칠 함께 생활하다 보면 언제 그랬냐는 듯이 아무렇지도 않게 된다. 이 작은 도마뱀이 모기를 먹는다며 학원생 중 한 명은 오히려 도마뱀을 잡으려고 찾아다녔다.

다바오에는 그 지역의 전통 음식부터 이탈리아 음식까지 먹을거리가 다양하다. 가격 또한 저렴하다. 칼로리가 높은 음식이 대부분이어서 몸무게가 기본 3킬로그램 이상은 쪄서 돌아가는 것 같다. 매주 주말이 되면 나가서 바비큐를 먹고 포멜론, 망고, 망고스틴 등 과일을 사고 여러 과자들을 사들고 온다. 이러니 살이 안 찔 수가 없다.

다바오는 세계에서 가장 큰 행정 면적을 가지고 있지만, 그 중심부는 그리 넓지 않아 택시로 100~150페소면 어디든 갈 수 있다. 지방에서 온 친구 중 한 명은 자신이 살던 곳보다 다바오 중심가가 더 발달했다고 말할 정도로 생활하는 데 어려움이 없다. 이것은 장점일 수도 있지만 때로는 과잉소비를 부르는 단점이 될 수도 있다.

다바오에는 세부나 마닐라 등 다른 지역에 비해 어학원 수가 그리 많지 않다. 한국인을 쉽게 만날 수 없고 현지인 또한 한국인을 신기한 듯 쳐다본다. 다바오는 한국인보다는 일본인 거주 인구가 많아 최근에는 일본인이 세운 어학원이 늘고 있다고 한다.

최근 필리핀은 다바오를 교육도시로 육성하고는 있지만, 다른 지역에 비해 선생님들의 실력은 조금 떨어지지 않나 싶다. 물론 좋은 선생님도 있지만, 지역 특유의 악센트가 강한 선생님이 많았다. 하지만 뭘 하든 자기 하기 나름이기 때문에 큰 문제는 아닐 것 같다.

놀러 온 것은 아니지만, 영어만큼 여러 레저 활동 또한 빠질 수 없다. 한국에서 해보지 못한 것들을 저렴한 가격으로 할 수 있는 기회가 많다. 다바오는 연안지역이라 배를 타고 조금만 가면 여러 리조트에 쉽게 갈 수 있다. 또한 한국인이 운영하는 샵이 있어 안전하게 스킨스쿠버를 배울 수 있다.

낙천적이면서 즐기는 것을 좋아하는 성향에 맞게 다바오 사람들은 맥주 한 잔 마시며 담소를 나누는 것을 좋아한다. 학원에서 택시를 타고 조금만 가면 한국의 강남과 비슷한 곳이 나오는데 야외에서 펼쳐지는 재즈며 락 등 다양한 장르의 공연을 볼 수 있어 즐겁다. 클럽 또한 처음 생각한 것보다 한국과 비슷했다. 이곳의 클럽 음악도 전 세계적으로 대세인 일렉이 주를 이루었다.

필리핀은 후진국이라는 생각, 한국인을 봉으로 안다는 인식, 아직 다바오에서는 보이지 않는 모습이다. 국제선을 타고 필리핀 국제공항에 도착하여 다시 국내선을 타고 와야 하는 부담은 있지만 일단 도착하면 평생의 추억을 간직할 수 있는 곳. 그곳이 필리핀 다바오다.

필리핀
조기유학
체험기

석예진

2005년, 중학교 1학년 후반 4개월 동안 필리핀 어학연수를 다녀왔다. 정말 굉장히 짧은 시간이다. 내 목적은 외국에 대한 두려움을 없애고 영어로 말하고 듣고 쓰는 것이었다. 외국인과 대화를 한다는 목적을 가지고 간 어학연수여서 급박함이나 절실함 같은 것은 없었지만 필리핀에 가서 내가 느낀 것은 너무나도 많았다.

필리핀에 어학연수를 보내준다는 말을 듣고 너무나도 설레고 기대가 되어 떠나는 날 당일에는 밤잠도 설칠 정도였다.

마침내 마닐라 공항에 도착했고 날씨는 매우 후덥지근했지만 설레는 마음을 갖고서 숙소에 도착했다. 근데 이게 웬일! 인터넷 사이트에서 보았던 사진과는 너무나도 다른 숙소 풍경에 놀랐다. 허접한 대문, 눅눅하고 오래되어 보이는 침대시트, 딱딱한 침대, 방 사이에 연결되어 있는 좁고 환기도 안 되는 화장실 등 여러 가지가 너무나도 충격이었다. 그래도 저렴한 가격이었고 시설이 중요한 것이 아니니까 그냥 넘어가기로 했다.

수업은 1 : 1로 진행되었다. 리스닝(Listening), 리딩(Reading), 라이팅(Writing), 프리토킹(Free Talking), 문법(Grammar) 등을 배웠고 오후 3시 정도면 모든 수업이 끝났다. 프리토킹의 경우 3명이 같이 수업을 들었다. 수업 후에는 선생님이나 친구들과 주변을 돌아다니며 영어에 대한 두려움을 없애는 시간을 가졌다. 수업시간을 소홀히 한 것은 아니지만 수업 자체가 매우 자유롭고 편해서 그랬는지 정말 열심히 놀았던 것 같다. 오히려 놀러 다니면서 영어가 더 늘지 않았나 싶다.

많은 사람들이 필리핀은 위험한 나라라고 하는데, 사실 그러한 모든 위험은 한국 사람들의 잘못으로 생긴 것이다. 예를 들어 밤에 그냥 막 돌아다닌다거나 위험한 장소를 가리지 않고 아무 데나 돌아다니면 한국에서도 위험한 일이다. 하지만 가장 문제가 되는 것은 참으로 부끄러운 일이지만 한국인들이 필리핀 사람들에게 사기를 많이 쳐서 필리핀인들의 분노를 산 것이다.

내가 다니던 학원 원장님도 필리핀 선생님들에게 월급을 제대로 지급하지 않아서 3일 정도 파업이 일어나기도 했다. 그 사실을 알았을 때 같은 한국인으로서 너무나도 창피하고 한심스러웠다. 필리핀인들은 직접 겪어보면 알겠지만 정말 대부분의 사람들이 너무나도 순수하다. 정도 많고 친절하다. 하지만 한국인에 대한 평은 그다지 좋지 못했다.

학원에서 선생님들과 친하게 지냈기에 집에도 놀러가고 그랬는데 그 중 한 선생님께서 내게 조심스럽게 말씀하셨다.

"한국이란 나라에 한 번쯤 가보고 싶고 참 좋은 나라일 것 같아. 근데 간혹 인종차별을 하거나 부도덕하고 부정직한 사람들 때문에 한국의 대한 이미지가 안 좋아지고 있고 심지어 한국인들에게 크게 당한 몇몇 필리핀인들은 그룹을 이루어 한국인만 노리기도 해."

이 말을 듣고 얼마나 당황하고 무서웠던지 지금도 그 생각을 하면 소름이 끼친다. 뉴스에서 가끔 나오는 필리핀 총기살인 같은 경우는 뭐라 변명할 여지가 없다. 오히려 부끄럽게 생각하며 우리 자신을 다시 한 번 돌아보아야 한다.

우리나라에서는 술이나 담배를 19세 미만 아이들에게는 판매하지 않지만 필리핀에서는 어린 아이들이 담배나 술을 사는 것이 어려운 일이 아니다. 담배들을 길가에 내놓고 군것질거리들과 함께 팔고 있고 아이들도 아무렇지도 않게 그것들을 구입한다. 내 주변 친구들 중에서도 골초들이 너무나도 많았다. 파티를 열면 술은 물론이고 담배 또한 당당하게 폈다.

담배에 대한 충격적인 에피소드가 하나 있다. 학원이 끝나고 툭툭이(오토바이 뒤에 마차 같은 것을 연결시킨 후 손님을 태우는 대표적인 교통수단 중 하나)를 타고 마트에 가려고 했는데 내 설명을 오해했는지 슬럼가에 잘못 들어갔다. 이는 매우 위험한 일이다. 살아 돌아온 것이 다행이다. 그런데 툭툭이를 타고 슬럼가를 지나가던 중 허름한 판잣집 앞 의자에 필리핀 엄마가 앉아 있고 그 무릎 위에 3살 정도 되어 보이는 아이가 앉아 있는데 그 아이 손에 담배가 들려 있었다. 아이는 너무나도 자연스럽게 한두 번 해본 솜씨가 아닌 듯 담배연기를 내뿜고 있었고 엄마 또한 아무렇지

도 않은지 무심히 우리가 지나가는 것을 쳐다보고 있었다. 너무 놀라 툭
툭이 기사에게 저 엄마 미친 것이 아니냐고 물어봤는데 기사의 대답이
더 충격적이었다.

"저게 뭐 어때서?"

나는 엄마와 함께 갔지만 혼자 필리핀에 어학연수를 온 친구들의 경우
는 말 그대로 가관이 아니었다. 한국에서 짓눌리고 강압 당하던 것들이
필리핀에서의 엄청난 자유 앞에 미친 듯이 터져 나와 주체를 하지 못하는
듯했다. 담배를 피거나 술을 마시는 것은 당연한 일이었고 심지어는 남녀
간에 책임지지도 못할 관계를 맺는 경우들도 있었다.

내가 다닌 학원에는 대학생도 있었는데, 아르바이트 등으로 열심히 돈
을 모아 영어 공부하러 왔다고 하면서도 영어 공부는 고사하고 출석은커
녕 짝을 지어 놀러 다니기에 바빠 보였다.

필리핀에서의 영어 공부는 아카데믹하다는 것과 따갈로어가 섞인 특
유의 굴러다니는 발음을 낸다는 것 빼고는 좋은 것 같다. 시설이나 수업
의 질에 비해 너무 비싼 곳도 있지만 정보를 제대로 찾아 떠난다면 부담
스럽지 않은 가격에 공부할 수 있는 곳인 것 같다. 단 자기관리가 잘되지
않는 사람에게는 좋지 않은 나라일 수도 있다. 유혹하는 것들이 너무나
많기 때문이다.

외국인에 대한 두려움이 있거나 부담스럽지 않은 가격에 영어 공부를
해보고 싶다면 나는 필리핀 어학연수를 적극 추천한다. 다만 한 가지 걱

정되는 것은 내가 있을 때만 해도 비교적 안전한 편이었는데, 지금은 한 국인에 대한 평가가 얼마나 더 떨어졌는지 모르겠고 그 부분에 대해서는 많이 고려해야 할 것 같다.

IIIII 필리핀에서의 영어 공부는 아카데믹하다는 것과 따갈로어가 섞인 특유의 굴러다니는 발음을 낸다는 것 빼고는 좋은 것 같다. 시설이나 수업의 질에 비해 너무 비싼 곳도 있지만 정보를 제대로 찾아 떠난다면 부담스럽지 않은 가격에 공부할 수 있는 곳인 것 같다. 단 자기관리가 잘되지 않는 사람에게는 좋지 않은 나라일 수도 있다. 유혹하는 것들이 너무나 많기 때문이다.

마닐라에서 필리핀을 바라보는 시선

이선화

필리핀은 위험한가? 가장 많이 걱정한 부분 중에 하나였습니다. 솔직히 위험하지 않다고 단언하지는 않겠지만 우리가 생각하는 것 이상으로 위험하지는 않습니다.

마닐라는 빌리지로 들어오기 전에 게이트가 있습니다. 게이트는 그러니깐 아파트 경비실이라고 생각하면 됩니다. 한국 사람들은 대체로 빌리지 안에 살고 있습니다. 게이트 앞엔 24시간 경비원들이 총을 들고 지키고 있죠. 이는 마닐라가 그렇게 위험하지 않다는 것을 반증하는 증거이기도 하죠.

물론 1만 페소 정도만 지불하면 킬러를 고용해서 죽일 수 있다는 소문이 들리기는 해요. 확실한 것은 모르겠지만 일반인들도 총기 소유가 허용되어 있기에 위험한 것은 사실입니다. 하지만 비싸서 총을 사지 못하는 사람들이 필리핀인이기도 합니다.

제가 있을 당시에 한류 열풍이 불어 마닐라에서는 한국인이라고 하면 속마음은 어떤지 모르겠지만 겉으로 봐서는 대단히 호의적이었습니다. 계속 웃어주고 잘 대해주었죠. 하지만 한국인이 많은 곳에서는 사건·사고가 많은 것이 사실입니다.

사건·사고가 일어나는 이유 중 하나는 아무래도 필리핀 사람들이 가난해서가 아닐까 싶습니다. 말 그대로 하루 한 끼를 연명하는 입장에서 어떻게든 살기 위해 강도짓을 하는 사람들이 있다는 것이죠. 헐벗은 아이들이 옷깃을 잡으며 돈을 달라는 모습은 마닐라 어느 곳을 가도 볼 수 있습니다.

혹시 그런 아이들이 협박하며 돈을 달라고 할 때에는 그냥 돈을 주세요. 차비가 없다고 하면 자기들이 뺏은 돈 중에서 몇 푼을 도로 줍니다. 그리고 마닐라에서 절대로 해서는 안 되는 행위 중 하나가 혼자 돌아다니는 것이에요. 낮에도 혼자 다니는 것은 위험합니다. 특히 필리핀에 온 지 얼마 안 된 상태에서 돌아다니는 것은 정글에 홀로 떨어진 초식동물이나 마찬가지입니다. 제대로 된 시선의 압박을 느끼실 겁니다.

또 하나 마닐라에서 주의해야 될 것은 택시를 탈 때에요. 정말 이해할 수가 없죠. 택시를 타기 전에 기사에게 목적지를 말하면 무조건 안다고 말합니다. 그리고 미터기의 요금이 순식간에 오르죠. 한국에서 택시 타는 것보다 비쌀 때가 자주 있어요. 게다가 조금 더 요금을 올려보려고 그러는 것인지 주유소에 들르는데, 그들에게는 빨리 가고픈 승객의 조바심이 느껴지지 않나 봐요. 요금이 올라갈 때마다 "Hurry up"을 외치고 싶지만 기다릴 수밖에 없어요. 돈이 올라가는 것을 보면 화가 치밀어 오르지만 어쩔 수 없죠. '피할 수 없으면 즐겨라' 라는 생각으로 있을 수밖에요. 마닐라에서 택시를 타다가는 생활비의 절반이 날아갈 정도로 많은 돈이 소비되니 명심하세요. 이외에도 택시를 이용할 때 주의해야 할 점은 미터기가 없는 택시는 절대로 타지 말라는 것이에요. 기본 요금으로 갈 거리를 100페소 이상 요구하는 모습이 비일비재합니다. 그리고 운전사 뒷좌석에 타시고 문도 꼭 잠그도록 하세요. 강도가 갑자기 타서 돈을 빼앗는 경우가 있다고 들었습니다. 이렇게 마닐라에서는 우리의 상식을 벗어나는 일들이 많이 일어납니다.

하지만 모든 것이 나쁜 것은 아니에요. 실제로 제가 세상 밖으로 나올 수 있게 도와주었던 곳은 필리핀이었고 세상이 넓다는 것을 알려준 곳도 필리핀이었어요. 여러 외국인들이 어학연수를 오는 곳은 아니라서 여러 나라의 사람들을 만날 수는 없었지만, 필리핀이 호주나 캐나다 등을 가기 전에 들려야 되는 곳은 맞습니다. 1 : 1 교육을 통해서 영어에 자신감을 심어주거든요. 저에게 필리핀은 꿈을 향해 나아갈 수 있도록 윤활유 역할을 해준 곳에요.

우리나라의 1980년대 성장기를 느낄 수 있는 곳, 두 시간 이내에 우리나라 제주도에 버금가는 해변을 가지고 있는 곳, 열대 과일을 마음껏 먹을 수 있는 곳, 그런 곳이 필리핀입니다. 지금은 한국에서 직장생활을 하고 있지만 당시의 추억이 너무나 그립습니다. 필리핀에 가시는 여러분! 필리핀은 한 번쯤은 꼭 가봐야 될 곳입니다. 도전하세요. 어학연수든 관광이든 여러분들에게 있어서 소중한 추억이 될 것입니다.

세부에서
바라본
필리핀

권성경

　　내가 처음으로 필리핀에 대해 알게 된 건 호주를 가기 직전 유학원 첫 정모 때였다. 그때 같이 만난 사람 중에 필리핀-호주 연계연수를 계획 중이던 분이 있어서 필리핀에 대해 이야기를 하게 되었다. 그때는 필리핀에 대해 좋지 못한 소문을 많이 들었던 터라 그냥 계획대로 호주로 바로 향했다.

　　하지만 필리핀을 거쳐 호주로 온 사람들에게 필리핀에 대해서 들어보니 필리핀은 한마디로 대박이었다. 간혹 괜히 필리핀을 다녀왔다고 후회하는 사람들이 있었지만 대부분의 사람들은 필리핀에 대해 좋은 기억들을 가지고 있었고 다시 한 번 가고 싶어했다.

　　언젠가는 필리핀을 가야 되겠다는 생각을 가슴에 품고 세컨비자 2년 동안의 호주 워킹홀리데이가 끝날 무렵 여행도 하고 공부도 할 겸해서 필리핀에 대해 알아보았다. 그리고 어학연수로 인기 좋은 세부로 향했다.

필리핀을 처음 방문하는 나는 세부 막탄 공항에서 내리자마자 그 후끈한 열기와 답답함, 탁한 공기(물론 호주에 있다 와서 더 안 좋게 느껴졌을 수도 있겠지만)에 당황했다. 어학원에서 나온 픽업 차량을 타고 학원까지 가는 도중에 본 세부의 모습 또한 정말 실망스러웠다. 상상의 나래 속에 그려본 세부의 모습은 필리핀의 제2의 도시인만큼 한국만큼은 아니더라도 꽤 도시다울 것이라 생각했다. 하지만 세부에 사는 사람들의 모습과 건물들을 보는 순간 여기가 내가 말로만 들었던 세부가 맞는지 의심이 생기고 이곳에서 어떻게 보낼지 걱정이 먼저 되었다.

그런 걱정과 근심에 싸여 20분 정도 내달렸을까? 도심지로 들어오자 고층 건물이 보이는 등 그제야 내가 생각했던 도시의 형태가 나타났다. 필리핀을 추천해준 형이 과거와 현재가 공유하는 도시가 세부라는 말이 그제야 떠올랐다. 지금 생각해도 판자집 사이에 들어서 있는 고층 빌딩들은 신기하고 낯설기만 하다. 그렇게 설레임과 실망이 오가는 사이 학교에 도착했다.

호주에서 이미 어학원을 다녀본 나에게 필리핀 선생님들은 호주에서와는 달리 친구 같다는 느낌이었다. 나이대도 비슷했고 한국인을 많이 가르쳐봐서 그런지 한국 학생들의 마음을 잘 헤아려 영어를 가르쳤다. 호주에서의 어학연수는 수준 높은 수업임에는 분명했지만 못 알아듣는 학생에 대한 배려가 없었는데, 필리핀에서는 친구에게 말하듯 영어를 가르쳐주었다. 왜 사람들이 호주나 캐나다에 오기 전에 필리핀을 거쳐 오는지 그제야 알 수 있었다. 필리핀에서 어학연수를 한 사람들이 호주에 와서 영어울렁증 없이 당당하게 말할 수 있었던 것은 필리핀 선생님의 배려에 따른 효과였던 것이다. 필리핀을 거쳐 오지 않은 것을 진심으로 후회했다. 필리핀이 좋은 점은 그뿐만이 아니었다. 저렴한 금액으로 모든 것을 즐길 수 있었다. 유명한 관광지를 단돈 5만 원에 갈 수 있었으며 마사지나 수상레저도 마음만 먹으면 아주 저렴하게 즐길 수 있으니 어학연수가 아니더라도 꼭 가보라고 말하고 싶다. 주위를 둘러보면 아직까지 필리핀에 대해 안 좋게 생각하는 사람들이 많다. 아무래도 한국에 비해서 유흥문화나 범죄에 쉽게 노출되어 있어서다. 하지만 필리핀은 자신이 어떻게 하느냐에 따라 좋은 추억으로 남을 수도 있고 다시는 가기 싫은 곳이 될 수도 있다.

유흥에 빠져 시간만 낭비하는 사람들도 있고 범죄에 노출되어 안 좋게 필리핀을 떠나는 사람들도 있지만 가끔씩 일어나는 그런 일들 때문에 피하거나 포기하지 않았으면 좋겠다. 새로운 문화·여행·삶을 경험하고 싶은 사람, 영어 공부의 기초가 안 되서 영어 실력을 향상시키고 싶은 사람, 호주나 타 영어권에 바로 가기가 걱정되는 사람들에게 필리핀을 강력하게 추천한다. 아직도 나는 필리핀-호주 연계연수를 했었다면 호주에서 더 나은 생활과 경험을 할 수 있었을 것이라는 아쉬움이 있다.

필리핀에 있는 친구들이 보고 싶어서 올해 초에도 일주일 정도 필리핀으로 여행을 다녀왔다. 앞으로도 기회가 되면 다시 가보고 싶은 나라 중 하나가 필리핀이며 세부다. 도전하라! 도전하는 것에 자유롭다는 것은 젊은이의 특권이다.

필리핀 어학원 관계자로 바라본 필리핀

이혜신

● 　　　불과 몇 년 전 대부분의 사람들은 필리핀을 관광지로만 알고 있었다. 그러나 환율이 오르면서 많은 학생들이 필리핀으로 어학연수를 떠나기 시작했고 이제 필리핀 하면 꽤 유명한 어학연수 국가가 되었다.

그러나 필리핀을 찾는 학생들은 아직도 끊임없이 의문을 제기한다. 과연 필리핀에서 얼마나 영어가 늘어서 올 수 있을까? 그리고 요즘처럼 어학연수가 흔해진 시대에 필리핀을 다녀온 학생들은 답한다. 저렴한 비용으로 여행도 하고 영어 실력 또한 꽤 늘어서 온다고 말이다.

나 역시 필리핀과 캐나다 어학연수를 경험했지만 대부분의 학생들의 경험담이 옳다고 생각한다. 지금은 필리핀으로 학생들을 보내는 어학원 관계자이지만 필리핀과 캐나다 연계연수를 경험한 학생으로 생각해볼 때도 마찬가지다.

필리핀을 택하는 학생들의 가장 큰 이유는 저렴한 학비 때문이다. 캐나다, 미국을 가는 비용의 절반 정도로 숙식을 함께 해결할 수 있어 어학연수 지역으로 인기가 좋다. 게다가 1 : 1 수업 시스템과 같은, 영미권 국가에서는 받아보기 어려운 세심한 학습 케어를 받으며 공부를 할 수 있으니 이보다 더한 매력이 있을까. 자신이 부족한 부분에 대해 보충해주고 시간을 갖고 노력할 수 있는 기회가 생기게 되는 것이다.

대학생들에게 필리핀이 매력적으로 다가오는 또 다른 이유 중의 하나는 휴양지라는 것이다. 바다와 섬과 같은 휴양지가 많아 신혼여행지로 먼저 알려졌지만, 공부도 하고 여행도 할 수 있다는 것 때문에 학생들에게 필리핀은 분명 매력있는 곳으로 느껴진다.

그러나 좋은 점만 있는 것은 분명 아니다. 필리핀은 알다시피 치안이 불안정하며 필리핀식 영어 발음에 길들여질 수도 있다. 또한 휴양지이기 때문에 유흥가가 많다는 것은 단점에 속한다.

나 역시 필리핀에서 어학연수를 경험해봤기 때문에 그러한 주변 환경이 공부하는 데 아주 영향을 주지 않는다고는 단정지어 말할 수 없다. 그렇지만 내 경우 필리핀인이라고 믿기지 않을 정도로 실력 있는 강사를 만나 정말 많은 것을 배웠다. 1 : 1 수업 시간은 영어를 잘하지 못하더라도 끝까지 참고 기다려주어 좋기는 했지만 많이 부담스러운 것도 사실이었다. 수업 준비를 하지 않으면 정말 수업 시간 내내 둘이 얼굴만 보고 앉아 있어야 하니 말이다. 그 부담감은 실로 나를 공부하게끔 만들었다. 예습 안 하던 나를 스스로 준비하게 만들어낸 것이다.

1 : 1 수업이 끝나면 강사들과 밖에서 식사도 같이 하고 술도 마시고 여행도 다니며 정말 많은 시간을 같이 보냈다. 그런 시간까지도 내 발음을 지적하던 강사 덕분에 영어 실력이 쑥쑥 올라가는 것을 느꼈다. 비록 그때는 때려주고 싶을 정도로 미웠지만 말이다.

그렇게 3개월을 필리핀에서 보내고 캐나다를 갈 즈음에는 가벼운 의사소통은 물론 내가 하고 싶은 말을 자유자재로 할 줄 알게 되었다. 그 문제 많다고 하는 필리핀 영어 교육의 발음 문제 또한 전혀 없었다. 심지어 캐나다 강사에게 발음 좋다고 칭찬까지 받았다.

영어 발음은 정말 자기 노력하기 나름이라고 생각한다. 물론 발음이 좋은 강사를 만난 행운도 있었지만 나 역시 매일같이 텅 트위스트를 해가며 미친듯이 발음 연습을 하고 강사와 술을 마시면서도 발음을 교정했던 의지가 한 몫 했던 것 같다.

지금은 이러한 경험을 바탕으로 필리핀 어학원 관계자로 일하면서 학생들을 필리핀으로 보내고 있다. 난 필리핀만이 가진 독특한 영어연수 방식에 자부심을 느끼며 비슷한 비용이 든다면 영어 초급자에게는 필리핀을 추천한다. 영미권 국가에서 하는 어학연수도 좋지만 누구나 비용과 시간에 여유가 있는 것은 아니다.

더욱이 초급자에게는 비용과 시간이 두 배는 더 필요하기 때문에 필리핀 어학연수가 더욱 도움이 된다고 생각한다. 숙식을 함께 제공하는 필리핀 어학원들이 많으니 공부를 하겠다는 마음만 가진다면 언제든 필리핀으로 떠날 수 있다.

본인이 열심히 해야 하는 것은 당연한 말이다. 거기다 맞춤식 1 : 1 수업과 소규모 클래스 커리큘럼과 공부에만 전념할 수 있는 기숙식 어학원이기 때문에 이러한 점을 적절히 이용한다면 영어를 두려워하지 않고 단기간에 실력을 키울 수 있다.

언어는 실전에서 배울 때 가장 빨리 늘고 배우기도 쉽다. 동남아에서 영어 사용 국가로 인정받은 필리핀은 체계적인 커리큘럼과 친절한 강사들, 수업에만 집중할 수 있는 생활환경이 있어 영어 기초가 부족한 사람들에게는 매우 적합한 영어연수지다. 필리핀으로 떠나보자~

IIIII 필리핀을 택하는 학생들의 가장 큰 이유는 저렴한 학비 때문이다. 캐나다, 미국을 가는 비용의 절반 정도로 숙식을 함께 해결할 수 있어 어학연수 지역으로 인기가 좋다. 게다가 1 : 1 수업 시스템과 같은 영미권 국가에서는 받아보기 어려운 세심한 학습 케어를 받으며 공부를 할 수 있으니 이보다 더한 매력이 있을까. 자신이 부족한 부분에 대해 보충해주고 시간을 갖고 노력할 수 있는 기회가 생기게 되는 것이다.

입국카드

ARRIVAL CARD   MCL-09-001

WRITE YOUR FULL NAME AS WRITTEN IN YOUR PASSPORT/ TRAVEL DOCUMENT (IN BLOCK LETTERS)

1 LAST NAME
H O N G

2 GIVEN NAME
G I L D O N G

MIDDLE NAME

3 CITIZENSHIP / NATIONALITY
K O R E A N

4 DATE OF BIRTH (MM-DD-YY) 0 4 0 1 7 5   **5 SEX** ✓ MALE ☐ FEMALE

6 OCCUPATION / WORK
S T U D E N T

7 PASSPORT / TRAVEL DOCUMENT NUMBER
K R 1 2 3 4 5 6

8 PLACE OF ISSUE
S E O U L

9 DATE OF ISSUE (MM-DD-YY) 0 1 0 1 1 1   **10 VALID UNTIL (MM-DD-YY)** 0 1 0 1 2 1

ADDRESS ABROAD No. Street 11

City / Town
한국주소 영문으로 기입
S E O U L   K O R E A

Province / State

ADDRESS IN THE PHILIPPINES No. Street 12
W A T E R F R O N T   S A L I N A S   D R I V E   L A H

City / Town
C E B U   C I T Y

Province

Contact number in the Philippines
0 3 2 2 3 2 6 8 8 8

ACR I-Card Number (for foreign residents only)
ARC I-CARD 소지자만 기입

13 Arrival Date (MM-DD-YY) 0 1 0 6 1 1   **14 Flight Number** 0 Z 6 0 3

Signature of Passenger
PLEASE SEE BACK OF PAGE

09330458768

1. LAST NAME : 성
2. GIVEN NAME : 이름
3. CITIZENSHIP / NATIONALITY : 국적
4. DATE OF BIRTH(MM–DD–YY) : 생년월일
5. SEX : 성별
6. OCCUPATION / WORK : 직업
7. PASSPORT / TRAVEL DOCUMENT NUMBER : 여권번호
8. PLACE OF ISSUE : 여권 발급지
9. DATE OF ISSUE (MM–DD–YY) : 여권 발급일
10. VALID UNTIL (MM–DD–YY) : 여권 기간 만료일
11. ADDRESS ABROAD NO. STREET : 한국 주소지
12. ADDRESS IN THE PHILIPPINESS NO. STREET : 필리핀 주소지
13. ARRIVAL DATE (MM–DD–YY) : 도착일
14. FLIGHT NUMBER : 항공편명

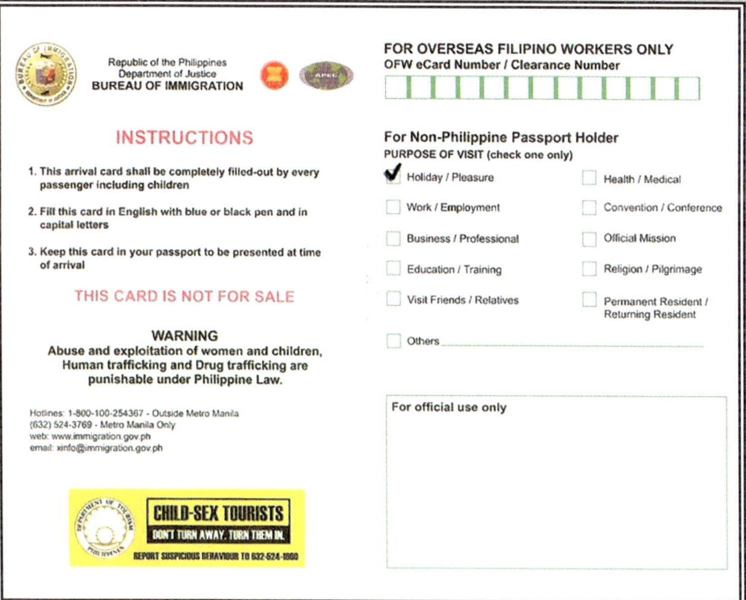

Republic of the Philippines
Department of Justice
BUREAU OF IMMIGRATION

INSTRUCTIONS

1. This arrival card shall be completely filled-out by every passenger including children

2. Fill this card in English with blue or black pen and in capital letters

3. Keep this card in your passport to be presented at time of arrival

THIS CARD IS NOT FOR SALE

WARNING
Abuse and exploitation of women and children, Human trafficking and Drug trafficking are punishable under Philippine Law.

Hotlines: 1-800-100-254367 - Outside Metro Manila
(632) 524-3769 - Metro Manila Only
web: www.immigration.gov.ph
email: xinfo@immigration.gov.ph

FOR OVERSEAS FILIPINO WORKERS ONLY
OFW eCard Number / Clearance Number

For Non-Philippine Passport Holder
PURPOSE OF VISIT (check one only)

- ☑ Holiday / Pleasure
- ☐ Work / Employment
- ☐ Business / Professional
- ☐ Education / Training
- ☐ Visit Friends / Relatives
- ☐ Health / Medical
- ☐ Convention / Conference
- ☐ Official Mission
- ☐ Religion / Pilgrimage
- ☐ Permanent Resident / Returning Resident
- ☐ Others _____________

For official use only

세관신고서

Republic of the Philippines
Department of Finance
BUREAU OF CUSTOMS

CUSTOMS DECLARATION

All arriving passengers must provide the following information. If traveling with a family, only one (1) declaration is required to be made by the head or any responsible member thereof. Please fill-up completely and legibly.

SURNAME / FAMILY NAME 성   FIRST NAME 이름   MIDDLE NAME
HONG   GILDONG

SEX ☑ MALE 남   BIRTHDAY (MM / DD / YY) 생년월일
☐ FEMALE   04/01/1975 (월/일/년)

CITIZENSHIP   OCCUPATION / PROFESSION 직업
KOREAN   STUDENT

PASSPORT NO.   DATE AND PLACE OF ISSUE 여권발급일과 발급지
KR123456   01/01/2011, SEOUL

ADDRESS (Philippines) 주소/필리핀   ADDRESS (Abroad) 주소/한국
WATERFRONT HOTEL, SALINEA, DRIVE, LAUHG   279-3 NEUNG-DONG, GWANGJIN-GU, KOREA

FLIGHT NO. 항공편당   AIRPORT OF ORIGIN 출발항공   DATE OF ARRIVAL 도착일
OZ603   INCHEON   01/06/2011

PURPOSE / NATURE OF TRAVEL TO THE PHILIPPINES 여행목적
1. ☐ Balikbayan   4. ☐ Business
2. ☐ Returning Resident   5. ☑ Tourism 관광
3. ☐ Overseas Filipino Worker   6. ☐ Others (Specify)

NO. OF ACCOMPANYING MEMBERS OF THE FAMILY: 동반가족 인원수 0

NO. OF BAGGAGE: Checked-in ___ Pcs.   Handcarried ___ Pcs.
집 · 가방 개수   수화물   기내반입

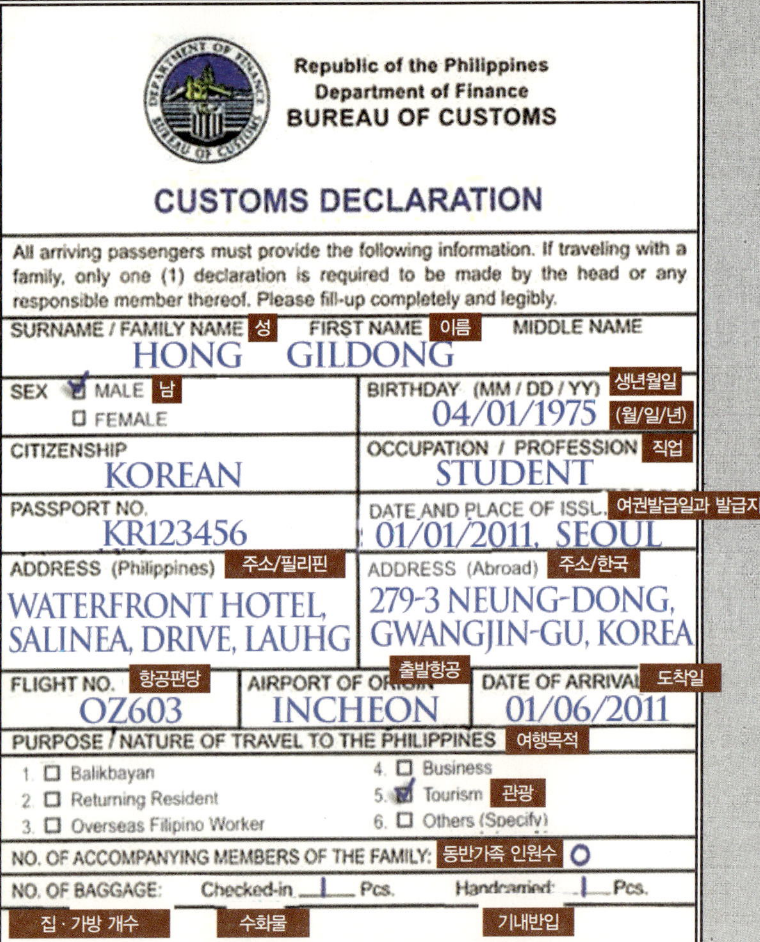

GENERAL DECLARATION: (Please read important information at the back)

1. Are you bringing in live animals, plants, fishes and/or their products and by-products? (If yes, please see a Customs Officer before proceeding to the Quarantine Office). ☐ Yes ☑ No

2. Are you carrying legal tender Philippine notes and coins or checks, money order and other bills of exchange drawn in pesos against banks operating in the Philippines in excess of PHP10,000.00? ☐ Yes ☑ No

If yes, do you have the required Bangko Sentral ng Pilipinas authority to carry the same? ☐ Yes ☑ No

3. Are you carrying foreign currency or other foreign exchange-denominated bearer negotiable monetary instruments (including travellers checks in excess of US$10,000.00 or its equivalent? (If yes ask for and accomplish Foreign Currency Declaration Form at the Customs Desk at Arrival and Departure areas. ☐ Yes ☑ No

4. Are you bringing in prohibited items (firearms ammunitions and part thereof, drugs, controlled chemicals) or regulated items (VCDs, DVDs, communication devices, transceivers)? ☐ Yes ☑ No

5. Are you bringing in ☐ jewelries, ☐ electronic goods, and ☐ commercial merchandise and/or samples purchased or acquired abroad? ☐ Yes ☑ No

ALL PERSONS AND BAGGAGE ARE SUBJECT TO SEARCH AT ANY TIME.
(Section 2210 and 2212 Tariff & Customs Code of the Philippines as amended)

I HEREBY CERTIFY UNDER PENALTY OF LAW THAT THIS DECLARATION IS TRUE AND CORRECT	DATE OF LAST DEPARTURE FROM THE PHILIPPINES
hong gildong SIGNATURE OF PASSENGER	

FOR CUSTOMS USE ONLY

PRINTED NAME & SIGNATURE OF CUSTOMS OFFICER	CODE NO.	LANE NO.	DATE

THANKS TO 고마운 사람

이 책이 출간되기까지 저를 믿고 지원을 아끼지 않은 필완정 박준현 실장님과 호완정 고준원 실장님 그리고 세부어학원 SME, CPILS, CDU, LIFE CEBU, PHILINTER, 다바오 E&G, 마닐라 파라마운트, 바기오 MONOL, 팔라완 AIC어학원 관계자 여러분 감사합니다. 그리고 정신적으로 힘을 주신 대진대 김성렬 교수님을 비롯한 교수님들과 동문들에게도 감사드립니다. 원광 장애인복지관 식구들, 미스터리 모임, 영우회 친구들, 강빡세살모 회원님들, 그리고 사랑하는 가족들에게도 감사합니다.

그리고 항상 저에게 조언을 아끼지 않는 서지홍 님 고맙습니다. 그리고 흔쾌히 필리핀 수기 원고를 써주신 권성경, 이혜신, 김은영, 한아름, 하기호, 석예진, 이선화 님 감사합니다.

그리고 생생한 필리핀 정보를 위해 도와준 VICTER, TRICIA, SHEENA, SC, ELAIZA, JESUS, JOMAR, KAREN, REGINALDO, MM, TIMPLE, KO, GLORIA, JIMMAR, VINCENTE, MIMI 감사합니다.

마지막으로 항상 부족한 원고를 책으로 만들기 위해 고생하신 고려원북스 가족 여러분에게도 감사의 인사를 드립니다.

■ **(주)고려원북스**는 우리들의 가슴속에 영원히 남을 지혜가 넘치는 좋은 책을 만들겠습니다.

필리핀 완전 정복 Q&A
그리고 그에 관한 독설& 진실

초판 1쇄 | 2011년 1월 21일

지은이 | 강태호
펴낸이 | 이용배
펴낸곳 | (주)고려원북스
편집주간 | 설응도

마케팅 | 이종진
편집부 | 김부영
판매처 | (주)북스컴, Bookscom., Inc.

출판등록 | 2004년 5월 6일(제16-3336호)
주소 | 서울 광진구 능동 279-3번지 길송빌딩 7층
전화번호 | 02-466-1207
팩스번호 | 02-466-1301
e-mail | koreaonebook@naver.com

ISBN 978-89-94543-09-3 13910

필리핀
완전정복
Q&A
그리고 그에 관한
독설&진실